发现古中国

王健康 王炳熹◎著

民主与建设出版社

北 京

© 民主与建设出版社，2018

图书在版编目（CIP）数据

发现古中国 / 王健康，王炳熹著 . —北京：民主
与建设出版社，2019.1
ISBN 978-7-5139-2002-5

Ⅰ. ①发⋯　Ⅱ. ①王⋯　②王⋯　Ⅲ. ①中华文化—通
俗读物　Ⅳ. ① K203-49

中国版本图书馆 CIP 数据核字（2018）第 293693 号

发现古中国
FA XIAN GU ZHONG GUO

出 版 人	李声笑
作 　　者	王健康　王炳熹
责任编辑	刘树民
封面设计	朱晓蕾
出版发行	民主与建设出版社有限责任公司
电 　　话	（010）59417747　59419778
社 　　址	北京市海淀区西三环中路 10 号望海楼 E 座 7 层
邮 　　编	100142
印 　　刷	北京文昌阁彩色印刷有限责任公司
版 　　次	2019 年 1 月第 1 版
印 　　次	2019 年 1 月第 1 次印刷
开 　　本	710 毫米 ×1000 毫米　　1/16
印 　　张	13
字 　　数	130 千字
书 　　号	ISBN 978-7-5139-2002-5
定 　　价	48.00 元

注：如有印、装质量问题，请与出版社联系。

序

"言必称尧舜"

晋南古河东远古文化之丰富多彩，穷尽溢美之词，仍恐言犹未尽。有道是，民谣曰："一千年文明看北京，三千年文明看陕西，五千年文明看山西，山西文明看晋南"。

"古河东，新运城"，"华夏之根，大运之城"，当我们快步行走在运城丰沃的土地上，胸怀一颗虔诚敬畏之心，浏览阅尽无数古迹遗存之后，一个靓丽的文学创意，几乎猛然迸发而出："发现古中国"。

发现古中国，究竟要发现什么？历史地理意义上的"这里最早叫中国"？"晋南就是古中国"？已经有人先于我们而发现。

那么，我们到底要发现什么？殚精竭虑，苦苦思索，心头豁然一亮，我们的发现，并非是名胜风光这边独好的古河东，更非是文物古迹俯拾皆是的古河东，而是诞生了人类光辉思想因子的古河东，孕育了中华民族政治文明源头的古河东。这是中国传统文化核心价值之发现，是当代社会治国理政思想源头之发现，是中华文化世界性价值之发现。

晋南这块古老的黄土地，堪称华夏文明的核心发祥地，优秀传统文化的源头。丰富的考古挖掘发现，大量的文献典籍记述，深厚的原始文化遗存，在晋南形成了一根非常完整的历史链条，得到了淋漓尽致的充分展现。

多姿多彩的华夏传统文化最原始基因，根源于这块文明圣火的黄土盆地，萌芽于这块降生始祖的襟山带河，发育于这块圣贤送出的盐池之畔。人类文明的第一缕曙光，从这里黎明初现；人类文明的第一道霞光，从这里喷薄而出；人类文明的第一束阳光，从这里冉冉升起。古老河东，无愧为中国农耕文明的源头，中华国家文明的摇篮，华夏传统文化的滥觞。

在本稿撰写过程中，我们一直在深度思考，为什么要如此费尽心血拼尽气力去搞这样一个文化创意？

继承弘扬中华优秀传统文化，现已成为国人的普遍共识。党的十九大报告指出："中国特色社会主义文化，源自于中华民族五千多年文明历史所孕育的中华优秀传统文化"。"文化是一个国家、一个民族的灵魂。文化兴国运兴，文化强民族强。没有高度的文化自信，没有文化的繁荣兴盛，就没有中华民族伟大复兴。"中华文明绵延数千年，有其独特的价值体系。中华优秀传统文化，是中华民族的根和魂，是中华儿女共同的精神基因。提倡和弘扬社会主义核心价值观，必须从中吸取丰富营养，否则就没有生命力和影响力。

中华优秀传统文化，那些闪烁着璀璨光芒的思想智慧，穿透千年重重迷雾，吹散浓浓历史尘埃，犹如一道绵延古今的雷霆电光，始终为中华民族的社会发展进步照亮航程，指引前进方向。快速崛起期待复兴的当代中国，正在着力进行的社会主义文化体系建设，国家社会治理能力的有效提升，人的道德素质的涵养培育，民族传统文化的延续复兴，中华文化的国际化推进等等，无不需要依托传统文化的深厚根基，无不仰仗汲取传统文化的丰富营养。

没有丰厚的传统作支撑，没有深厚的传统文化为根脉，社会主义现代文化体系建设，则是无源之水，无根之木。当代文化大厦，唯有对优秀传统文化进行现代化重构解读，才能根深蒂固，才能彰显世界价值，真正形成具有中国特色的话语体系，才能引领中华民族砥砺前行，放飞梦想，成为推动社会主义文化体系建设的强大内生性动力。

我们的"发现古中国"，实则是一次从尧舜精神到人类精神的发现之旅，亦即是对华夏先祖尧舜初创的辉煌文明背后的人类文明的深度探索发现。"言必称尧舜"，目的是想从挖掘尧舜精神特色入手，发现古中国文明背后的那些超越时空，永具魅力的人类普遍认可的共同价值。

我们的"发现"，并不囿于纯粹的精神发现之旅，更非满足于纯粹的思维游戏。我们更期望通过这次尧舜精神发现之旅，去探索思维游戏的价值所在，作一次发现之发现，精要通俗地阐发尧舜精神的普世性价值和世界性意义。持之以恒地坚守具有世界意义的永恒精神，人类才能和谐共处长盛不衰，才能可持续发展繁荣富强，才有一个光明可期的未来。

中华民族生生息息五千年，历经劫难而不倒，多灾多难而弥坚，成为人类文明发展史上独一无二的文化映像。或许，正是强大的尧舜文化基因，成就了我们民族的千年繁盛，造就了华夏传统文化的"兴灭国，继绝世"，永远肖然屹立于世界东方。十几亿炎黄子孙，奔腾流淌的血脉里，亘古不变的是华夏始祖最原始的基因。尧舜基因，对于中华民族的今天，无疑具有非常珍贵的认知价值。

优秀传统文化，最具光华的精髓在先秦，这是由华夏民族独特的历史进程和文化渊源决定的。尧舜及汤文武时期，那是华夏民族童心未泯的纯真童年。领导创造了远古社会和辉煌文化的伟大先哲们，以及其后记载阐发他们生活境况和超前思想的儒学等诸子百家，总体上都是期望构建一个人们共同生活其中的群体秩序、社会规则、伦理道德、公正公平社会及和谐美好生活。这是中国传统文化最元初、最根本、最优秀、最宝贵的古老因子。

然而，这一优秀文化传统，秦汉之后，历代统治者及某些御用文人，则从政治驾驭的视角，以己之好恶，取舍丰富的传统文化，由此造成既有推进社会前进而坚持发展传统文化的一面，也有为了保持专制政权而曲解甚或附加"伪"传统文化内容的一面。由是之，《发现古中国》溯本求源，从解读阐释先秦原儒及诸子百家政治经济及社会思想入手，意在有助于拨乱反正，正本清源，更好地坚持和发展优秀传统文化。

中国传统文化博大精深，包罗万象，从中国书画到中国瓷器，从中国丝绸到中国武术，从四大发明到国粹京剧，可谓无所不包，丰富多元。那么，什么是中国传统文化的精髓？什么是中华民族传统文化的核心价值所在？《发现古中国》企望回答这样一个中国历史文化之问。

先秦原儒先师、诸子百家等贤哲，洞若观火，独具慧眼提出的"大道之行，天下为公""政在养民，为政以德""民为邦本，本固邦宁""慎终追远，民德归厚""修齐治平""天下大同"等一系列光辉思想，至今仍然具有无比闪亮的普世意义，仍然具有极强的文化现代性。中国传统文化走向世界，价值则在世界性，没有世界价值，就不会为世界所接受。

我们从包罗万象的传统文化中，以尧舜开创的"公天下，利民生"思想为核心，选取了五大元素，"天下为公""天下民生""天下国家""天下归宗""天下大同"，视其为具有世界意义的人类文明重大成果，归结为中国政治、经济、社会、文化核心价值之所在。借助这五个篇章，重温中华传统文化，精要解读传统文化，既有深远历史文化意义，又有重大治国理政借鉴价值，更有非凡当代社会认知作用。

《发现古中国》是一部电视政论片解说词，共分六集三个板块。第一集为起始点，以"天下之中"为开端。为什么要以晋南古河东为起点？我们认为，从历史地理的视角看，"这里最早叫中国"；从历史文化的视角看，这里是部落联盟首领尧舜禹的主要活动区域。尧舜开创的华夏远古社会，以及由此形成的一系列光照万古的政治社会思想萌芽，实为孔孟儒学思想之发端，而孔孟儒学则是中华传统文化之源头。

第二集至第五集为主体板块，构成了《发现古中国》的核心内容。第二集"天下为公"和第三集"天下民生"，集中表达政治价值追求，第四集"天下家国"所要阐述的是经济社会结构，第五集表述的是精神文化生活。第六集作为文尾，讲述的是今天的世界，人类共同生活的地球村。

地理意义上的天下之中，考古学挖掘发现及文献典籍新的研究成果，几千年来总在漂移多变，而文化意义上的天下之中，尧舜创立的核心学说，其后丰富系统为至伟孔孟儒学，作为中华民族的文化基因，历经千年传承，由始而终，一以贯之，坚守不移，成为具有永恒价值的文化瑰宝。

"天下为公"以远古历史为开端，以尧舜政治价值追求为原点，融通古今，追求历史与逻辑的统一，向人们昭示了"天下者，中国之天下，群臣、万民之天下，三军之天下，非陛下之天下"的"公天下"思想。天下是天下人之天下，非一人一族一部分人之天下，更不能把公天下变为家天下。"天下为公"体现了中华优秀传统文化的源流与走向，体现了"权为民所赋、权为民所用"执政理念的文化渊源。

"天下民生"本质上是对执政者的政治要求。"天下为公"并非是在追求虚无渺茫的"天理"，而是明晰了实现人民大众美好生活的现实路径。先贤们鲜明回答了"天下为公"的着眼点即"天下民生"。"为政以德，政在养民"业已成为古代中国民生思想最为经典的政治表达。当我们走进那段历史深处，自会惊奇发现，处处闪耀着尧舜"利民生"的伟人足迹。孔子以独有的政治卓识，提出养民的根本是富民，"政之急者，莫大乎使民富且寿也"。我们党把人民对美好生活的向往确定为党的奋斗目标，与尧舜民生思想一脉相承。

第四集"天下家国"，主要是讨论古代中国的经济社会结构，由此说明每一个中国人与家、与国三者之间的关系。孟子说"天下之本在国，国之本在家，家之本在身。"天下、国、家构成一个统一的不可分割的有机整体。家国一体，家国同构，已内化为我们民族珍贵的集体记忆，升华为公民社会情有独钟的"家国情怀"。家国情怀把个人利益与社会利益、国家利益融为一体，清晰表达了中华民族千百年来孜孜以求的家国理想境界，并最终形成了神圣而崇高的文化自觉。

第五集"天下归宗"，重点讲人的精神文化生活，"慎终追远，民德归厚"的宗族传承。祖宗崇拜是华夏民族坚守千年的文化信仰，是炎黄子孙信奉如一的世俗化天然宗教。祖宗就是一个庞大族群顶礼膜拜的"上帝"，具有至高无上的权威性和神圣性。个体对宗族文化的认同，是族群凝聚力的起点，族群凝聚力则是中华民族凝聚力、向心力的根基。中华民族巨大的凝聚力，来源于每一个人对祖宗的虔诚敬仰，对血缘亲情的深情眷念，对宗族群落的浓烈依附。

第六集"天下大同"，讲述怎么处理国与国关系。先秦儒学的大同理想，大同是"天下归仁"之大同，而非"天下归一"之一统。以德绥远，耀德不观兵，以文化之，而非穷兵黩武。这一思想至今仍然具有极为宝贵的认知价值。我们期望建立的"人类命运共同体"，追求的是求同存异，和而不同，"以至诚为道，以至仁为德"。人类命运共同体构想，来源于"天下大同"理念。中国的声音、中国的行动，为世界和平与发展注入了强大的信心和力量，彰显了宽阔的胸怀，体现了一个东方文明古国的文化向往。

通过电视政论片这样一种大众化传播方式，精确而简洁地表达古中国最具光辉的政治文明核心价值，打破原有的意识形态壁垒，用一种人们易于接受的话语表达方式，讲中国故事，发中国声音，实属不易，诚惶诚恐。要写这样一个东西，思辨性太强，具象性欠缺，需要很好处理抽象性与具象性的关系，处理不好就成了一大堆枯燥无味的说教。电视政论片不是学术研究，一些重大哲学理论问题，实难透彻精辟诠释。我们的初衷，只是试图讲述一个个晋南运城的传统文化故事，进而讲述华夏大地上发生的一连串具有启迪意义和教化价值的生动感人的历史人物故事。或许，关于文明发源地域之辩、政治正确之辩、经济社会结构之辩、人类精神生活之辩、华夏夷狄之辩、家国宗族之辩等等，这样一些重大历史哲学问题，本书无力予以深度解读。过于强调哲学的思辨性，历史的逻辑结构，内容表述的严谨性，必然会牺牲作品的艺术性。文学作品的故事性高于一切，作品本身无法给出一个确定的理性判断，更不会得出唯一的最后结论。

本书文稿，尽量不出现哲学性术语，不使用晦涩的文字，不使用专业性的句式结构。价值性工具，工具性存在，异质共同体，政治文化范式，政治价值追求，制度性安排，分权制衡，政治正确，统制经济，家族治理，程序性方式，本体论意义等等，诸如此类文字，我们在表述过程中，尽量弃之不用，代之以大众化的通俗语言。或许不很确切，但能让观众读懂。

雅俗共赏，这是整部片子的出发点和基础。为了俗，偶尔要有点诗化的语言，把深奥的道理浅显化，抽象的理论通俗化。这种表述或许不那么准确，不那么严谨，但求达意即可，实难苛求。突出故事性，人物性，画面感，增强唯美性。尽可能用点美感的文字，通俗化的文字述说，普众化的表达方式。突出语言的音乐美，语句的节奏感，音节的抑扬顿挫感，听上去铿锵有力。这是我们着意追求的风格。

增强历史的纵深感和现实的关照感，让受众在观看的时候，很自然地联想到当下现实。适当的跳跃，从历史深处一下子跳跃到当下现实，有时并不会感觉逻辑结构上的唐突，相反会感觉这是作品的价值所在。写历史是为了关照现实，反思当下。这是一种潜意识写作，是创作的自然表达。忌讳大段空泛讲过程，更不去长篇发议论，文字上简洁再简洁，尽可能不要一句废话。要讲故事，不要讲道理，理寓故事之中。这是我们的初始愿望，是否做到了，只能由读者评判了。

挖掘探讨华夏政治文明的古老源头，传承弘扬远古先人治国理政的深邃思想，之于我们国家今天的政治文明建设和社会文化建设，以照亮华夏民族的未来复兴之路，意义当为深远，价值弥足珍贵。

是为序。

目录

引　子

泱泱华夏，远古中国，悠悠历史文明深处，掩藏着一座博大精深的优秀传统文化宝库。

古代圣贤先哲，独领风骚，洞若观火，那些极具魅力的深邃智慧，堪称超前的治国理政观念，历久弥新的家国情怀，超越时空的经典表达，时至今日，愈加具有普世意义的宝贵价值。

那是一座万古不息的古老灯塔，引领着人类社会拨云驱雾，扬帆远航。

那是一颗浩瀚夜空的北斗星辰，导引着华夏中国校正航向，放飞梦想。

那是一束照进人类灵魂黑屋的雷霆电光，呼唤着炎黄子民浴火重生，凤凰涅槃。

当我们踏上民族复兴的伟大征程，怀揣中国梦的辉煌憧憬，内心怦然涌起一股强烈的渴望，期盼轻轻敲开古中国之门，疾步走进历史文化宝库，挖掘发现治国理政的博大智慧，汲取获得推动现代社会政治文明及民主进步的丰富营养。

这是一次中国传统文化核心价值的深情回望。

这是一次华夏民族治国理政初心的精要解读。

更是一次中华古老文化世界性价值的哲学思辨。

第一章
天下之中

　　地理意义上的天下之中，几千年来总在漂移多变，而文化意义上的天下之中，尧舜创立的核心学说，其后丰富系统为孔孟儒学，作为中华民族的文化基因，历经千年传承，一以贯之，成为具有永恒价值的文化瑰宝。晋南古河东，堪称华夏文明的核心发祥地。这是一个最早称为"中国"的地方，这是中国农耕文明的源头，中华国家文明的摇篮，华夏传统文化的滥觞。

六千万年前，新生代第三纪喜马拉雅构造运动，"天柱折，天倾西北；地维缺，地不满东南。"山崩地裂，天塌地陷，广泛发育而成了绵亘千里的黄土高原。

黄土高原经过强烈的地壳活动，最终形成了晋南盆地与黄河谷地之间的中条山，还有这一泓晶莹剔透的盐湖水，阡陌纵横六十里。

在中国黄土高原版图上，地处山西晋南盆地的运城，因"盐运之城"而得名。

河东盐池，远古龙山文化时期，就以盛产"解盐"闻名于世。

晋南运城，古称河东，坐落于黄河中游，北依吕梁山，东峙中条山，南隔黄河，与渭南、洛阳相望，处于伊洛河、汾河和渭河三河交界的中心地带，钟灵毓秀，肥土沃野。得天独厚的地理优势，孕育了古中国传统文化多姿多彩的璀璨瑰宝，光耀四海，享誉全球。

运城盐池

又称盐湖、河东盐池，位于运城市南，总面积132平方公里，世界三大硫酸钠型内陆盐湖之一。运城盐池自古就以产盐著名。传说舜帝时期，人们就在夏天捞采水池内的天然结晶盐。春秋战国时期，已经成为全国著名产盐地。英国科学家李约瑟博士称其为"中国古代科技史的活化石"。

这里最早叫中国

"古中国"作为华夏远古文明历史进程中，一个重要的历史地理和历史文化概念，始终伴随着晋南历史的前进脚步，历经五千年逶迤长河，正从历史深处款款走来。

华夏上古时期，人类还处于原始蒙昧混沌状态。那时尚无严格意义上的记事文字，或许仅有的原始少量骨刻文字，难以翔实记录人类活动的轨迹。关于人类活动的史实记述，关于部落首领号令天下的治国理政之道，千百年间，形成了史诗般世代口耳相传的古老神话传说。

大约两千多年后，重要典籍《尚书》《大戴礼记》《左传》《国语》《竹书纪年》《史记》等众多文献，依据民间传说或残存遗迹，开始用简约精要的文字，概略记述了三皇五帝生平轨迹的些许碎片。

西汉伟大的史学家司马迁，在《史记·五帝本纪第一》开篇记述道，神农氏治理晚期，部落首领的权力已经衰落，诸侯相互侵伐，天下乱世。"于是轩辕乃习用干戈，以征不享，诸侯咸来宾从。"轩辕黄帝乘胜兴起，得到了各路诸侯的拥戴。

黄帝"北清涿鹿，南平蚩尤"，先在阪泉打败了炎帝，炎黄两个部族合二为一，后又率领诸侯决战蚩尤于涿鹿。公元前2697年，黄帝通过数次重大部族战争，最终完成了华夏族的大统一。

黄帝成为中原部落联盟首领，位列五帝之首。

华夏文明，以轩辕黄帝为原始起点，开始告别野蛮蒙昧的原始状态，文明细胞急速分裂发育。氏族社会经济逐渐繁荣，文化日渐发展，部落管理渐趋成熟。仰韶文化的成熟突进，为其后龙山文化的高度繁荣，奠定了坚实的经济社会基础。

司马迁记载说，轩辕黄帝之后，部落联盟首领分别是颛顼、帝喾、唐尧、虞舜。五帝同根，血脉相一，他们都是华夏民族的原始先祖。

盐池神庙

　　供奉盐池神之庙是中国唯一的一座盐池神庙。坐落于运城市南两公里的土垣上，坐北朝南，临盐湖而建。始建于唐代，历代受封并受奉祀。

　　2005 年 9 月 23 日，全国虞舜文化学术研讨会暨中国先秦史学会第八届年会召开，一百三十多位先秦史专家学者，相聚"中国先秦史学会尧舜禹研究基地"运城。

　　这次会议，基本厘清了虞舜文化发生、发展和演变的历史进程。

　　与会专家提出，晋南是中国上古时期历史舞台的核心，从黄帝至尧、舜、禹、夏、商、周时期，文化遗址在晋南形成了一根非常完整的历史链条。古中国辉煌的历史文化，在这里得到了淋漓尽致的展现。

著名历史学家苏秉琦，在《迎接中国考古学的新世纪》一文中写道：大致在距今四千五百年左右，最先进的历史舞台转移到晋南。晋南兴起陶寺文化，它不仅达到了比红山文化后期社会更高一阶，而且确立了在当时诸方国群中的中心地位。相当于古史上的尧舜时代，亦即先秦史籍的最早"中国"，奠定了华夏的基础。

清华大学史学专家李学勤认为，先秦时期，中央政权诞生在黄河流域，中国文字也产生在黄河流域，这些事实充分说明，黄河文明是中华文明的摇篮。从五帝以来，黄河文明始终处于中华文明的中心。古河东是华夏发祥的核心区域，尧舜禹活动的中心区域。

台湾历史学家姚荣龄，经过对河东多次考察后认为，"中华"的"中"，指的是太行山系的中条山，"华"指的是秦岭山系的华山。"华夏"一词中的"夏"，指的是历史上的大夏民族，它的繁荣正是以尧舜禹的活动为特征，其史迹范围就在河东一带。

日本历史学者宫崎市定在《东洋近代史》中提出，"中国最古老的文明兴起于河东盐池附近。夏商周三代的国都大体上位于消费盐池的地区。毫无疑问，盐池就是三代文明的经济基础。"

帝王所都曰中国

1988 年的全国高考语文试卷中，有这样一道试题：

史书记载，夏代以前的尧舜禹，他们的活动中心在晋南一带。"中国"一词的出现也正在此时，所以史称舜即位要"之（到）

中国"。后人解释说:"帝王所都为中,故曰中国。"由此可见,"中国"一词最初指的是晋南一块地方,即"帝王所都"。

"古中国"始终是一个紧紧伴随华夏民族历史进程的文化现象。

1965年,陕西宝鸡县东北郊贾塬村,出土了一件西周青铜酒器"何尊"。铜尊内胆底部,有一篇十二行,共有一百二十二个字的铭文,记载了周成王营建洛邑,建筑陪都的重要历史事件。

考古出土文物中,首次在何尊铭文中发现了"中国"这一词汇:"唯武王既克大邑商,则廷告于天,曰:余其宅兹中国,自兹乂民。"意思是,文王受上天大命统治天下。武王灭商后则告祭于天,以此地作为天下的中心,统御民众。

这是"中国"两字作为词组,地下文物考古挖掘发现的最早记录。

"中国"一词在典籍文献中,见于《尚书·梓材》篇:"皇天既付中国民,越厥疆土于先王",意思是,天神已经把都城及附近地区的人民和土地,托付给周武王治理。

上古时期,华夏大地,方国林立,史称"夏有万国","商国三千"。

部落联盟首领的建都之地,为"万国之中","中央之国",故称"中国"。

远古时期"中国"这一称谓,还不是指政治形态的"国家"。最接近"中国"本义的,应是"王国都城及京畿地区",专指王权国家的权力中心,即为"天下之中",中央之邦。

东汉经学家、训诂学家刘熙,在《释名》中解释说:"帝王所都为中,故曰中国。"

何尊

1965年出土，铜尊内胆底部，有一篇一百二十二个字的铭文，记载了周成王营建洛邑，建筑陪都的重要历史事件。考古出土文物中，首次在何尊铭文中发现了"中国"这一词汇。

《诗经·大雅》有一首"民劳"歌："惠此中国，以绥四方。"歌词的大意是，惠及王国都城的百姓，安抚四方的人民。

古中国时期，中国常与华夏通用。中国亦华夏，华夏亦中国。

"华夏"一词最早见于《左传·襄公二十六年》："楚失华夏"。

唐孔颖达注疏说："华夏为中国也"。

"华夏"所指为中原诸侯，也是汉族前身的称谓，所以"华夏"

至今仍为中国的别称。

华夏族人，自称"中国"，而把周围四边的民族称为南蛮、东夷、西戎、北狄。

自汉代开始，人们常把汉族建立的中原王朝称为"中国"。

而当少数民族入主中原后，也以"中国"自居。如鲜卑人建立的北魏自称"中国"，却将南朝叫作"岛夷"。而汉族建立的南朝，虽然迁离了中原，仍以"中国"自居，称北朝为"索虏"，北魏为"魏虏"。

宋代，辽与北宋、金与南宋彼此都自称"中国"，而且互不承认对方是"中国"。

据考古发现，晋南作为部落联盟的都城，起始于尧舜禹时代。

大约四千五百年前，尧舜时期，晋南已经成为当时诸多邦国的中心。

东汉皇甫谧，专述帝王世系的历史著作《帝王世纪》，对此作了清晰表述："尧都平阳，舜都蒲坂，禹都安邑。三都相去各二百余里，俱在冀州，统天下四方。"

"华夏第一都"古安邑遗址，就在今天的运城夏县境内。

顾炎武《日知录》中，对"冀州"解释说："古之天子常居冀州，后人因以冀州为中国之号。"

肇始黄帝神话传说，延至尧舜禹建都，以至夏商周三朝，华夏族的部落国都，均以晋南为中心。

河东运城，作为华夏文明的中心地区，绵延不绝，六代相继，历时长达二千多年。以河东为中心，进而辐射南蛮、北狄、东夷、西戎普天之下。

农耕文明发祥地

数千年来，中国的版图在不断变动、漂移，而文化意义上的天下之中，尧舜禹创立的核心学说，其后丰富系统为至伟孔孟儒学，作为中华民族的精神基因，历经千年传承，由始而终，一以贯之，成为具有永恒价值的文化瑰宝，始终为我们民族所坚守。党的十八大之后，社会主义核心价值观的提出，更使这种坚守上升为国家意志，提升为民族信念。

在晋南古河东这决深厚的黄土地上，涵育了华夏民族人文精神的血脉之根，流传千年而不息，播撒百代而不竭。

丰富的考古发现，大量的文献典籍，共同指向一个日益清晰的广泛社会共识：晋南古河东，古中国华夏文明的源头。

一千年文明看北京，三千年文明看陕西，五千年文明看山西，山西文明看晋南。

河东运城，一座名副其实的古中国之城。

据初步统计，运城现存各类不可移动文物六千七百二十九处，其中国保九十处、省保五十七处，位列全国重点文物保护单位数量之冠。

《史记·货殖列传》记载："昔唐人都河东，殷人都河内，周人都河南。夫三河在天下之中……建国各数百千岁。"

河南郡治洛阳，河内郡治怀州，河东郡则治安邑。从唐尧在晋南"平阳"建立都城开始，到西周建国，长达千年之多。

位于黄河中游的三河地区，现在的晋陕豫三省相邻之地，即今天的山西运城、临汾、晋城地区，一直是古中国的核心区域。

宋代儒学大家朱熹说："河东地形极好，乃尧舜禹故都，今晋州河中府是也。左右多山，黄河绕之，嵩、华列其前。"河中府治所，就在今天的永济市蒲州镇。

华夏文明，起源于距今约五千年的黄河流域。

中国考古学泰斗苏秉琦在《中华文明起源新探》中断言，一万四千多平方公里的晋南古河东地区，"这一地带在中国文化史上曾是一个最活跃的民族大熔炉，六千年到四五千年间中华大地如满天星斗的诸文明火花，这里是升起最早也是最光亮的地带，所以，也是中国文化总根系中一个最重要的直根系。"

远在更新世时期，晋南地区就有古人类活动。

垣曲盆地，中国第三纪地层和哺乳类动物的发祥地。1916年，北洋政府实业顾问、瑞典科学家安特生沿黄河两岸，调查矿产资源时，在垣曲县寨里村附近土桥沟，发现了中国第一块始新世哺乳动物化石。

1995年以后，中美考古学家先后发现了命名为"世纪曙猿"所有牙齿的下牙床化石。

2000年4月，《人民日报》《新华每日电讯》等报刊相继刊发报道，中美科学家在垣曲寨里村，发现了距今约4500万年，世界上最早高等灵长类动物"世纪曙猿"化石。

通过对世纪曙猿脚跗骨、下颌骨化石的研究，证实人类的远祖起源于运城垣曲。

世纪曙猿化石，人类文明黎明前的第一缕曙光，悄然初现于晋南盆地。

沧海桑田，时光飞泻千万年。人类步入远古时期，运城境内留下了华夏原始祖先的丰富活动遗迹。

旧石器时代早期文化遗存，主要分布在晋南中条山南麓的垣曲盆地，以及运城的芮城、永济一带。山西全境共发现旧石器时代遗址一百三十六处，而运城独占九十三处，堪为中国发现旧石器时代遗址点最多、集中度最高、系统性最强的地域。

1959 年首次发现，180 万年前的芮城西侯度遗址，这是迄今为止，中国考古发现人类用火的最早记录。

西侯度遗址中，考古发现了带切痕的鹿角，动物的烧骨。"火烧骨"的发现刷新了人类用火史，将中国古人类用火历史推前百万年。

火的使用，堪称人类社会发展史上一次伟大的质的飞跃，促

西侯度遗址

180 万年前的芮城西侯度遗址，1959 年首次发现。这是迄今为止，中国考古发现人类用火的最早记录。"火烧骨"的发现，刷新了人类用火史，将中国古人类用火历史推前百万年。

使远古人类告别茹毛饮血的野蛮状态，大大加快了文明进程的脚步。

西侯度遗址"火烧骨"，燃起了人类文明的第一堆圣火。

人类文明的第一道霞光，照亮了东亚大陆的文明天空。

旧石器时期，运城地区已经形成众多特级聚落，规模巨大。

永济聚落群，有特级聚落四处，城北街道晓朝遗址达一百八十万平方米。新绛聚落群，特级聚落两处，其中三泉遗址，面积达一百五十万平方米。夏县聚落群，特级聚落两处。芮城聚落群，特级聚落四处，其中坡头遗址，面积达二百一十万平方米。

河东地区的原始居民，比较密集地分布在黄河岸边。晋西南的黄河拐角处，沿黄河东岸，在十三公里的距离内，发现旧石器遗址十三处，平均一公里左右就有一处遗址。

华夏文明史前时期，晋南盆地积淀了极其丰富深厚的原始文化层，在华夏文明起源及发展的历史进程中，占据特殊重要的地位。

华夏文明的发祥地，考古学界素有"四大区域"说，即黄河流域文化区，长江流域文化区，珠江流域文化区和辽河流域文化区。

四大区域文化，各自沿着相对独立的发展序列，远在四五千年前，共同进入文明时代，最后汇集而成统一的华夏文明的历史长河。

郑州大学历史学院教授安国楼提出，众多地域文明中，黄河流域文明，虽然不能等同于中华文明，但却是中华文明的主体部分和集中体现。

芮城古文化遗址群

　　位于运城芮城县境内。这里古文化遗址众多，是研究黄河流域更新世早期、旧石器时代至龙山文化晚期的重要古文化遗址之一。出土文物既有旧石器时代和新石器时代的各种较为完整的石器组合，又有仰韶文化和龙山文化的各种陶器组合。

　　河东大量考古发现和历史遗存证实，中原黄河流域文化区，尤其黄河中下游交汇处的晋南盆地，具有比较深厚的原始文化积存，形成了相对稳定的文化发展序列，连绵不断延续下来，率先进入文明时代，并对其他各个文化区产生了巨大的历史影响。

　　晋南盆地的古河东，无愧为古中国农耕文明的源头。

　　养育人类生命的农耕生产，就是从这里整装出发。

　　农耕乃人类文明之根。运城地处黄河流域，远古时期气候温润，物产丰富，拥有发展农耕生产的优越自然环境。

　　大约一万年前，晋南进入新石器时代。

　　万荣县荆村新石器文化遗址中，出土的谷类碳化物中，发现了黍稷及壳皮，证明河东先民已经掌握了高粱种植技术，开创了中国高粱人工繁育先河。

1926 年，夏县西阴村仰韶文化遗址中，发掘出土了人工割裂的半个蚕茧标本。学者通过鉴定认为，它是家养蚕茧，说明原始社会时期，河东先民掌握了养蚕技术。

仰韶文化时期，运城地区种植业、养殖业开始繁荣起来。

文明的种子开始生根发芽，茁壮成长，春华秋实。

相传，炎帝就在高平境内的羊头山上，得嘉禾，播五谷，制农具，教稼穑，完成了从渔猎到农耕，从游牧到定居的人类历史重大转折，发出了农耕文明的先声。

农耕文明的星星之火，点燃于运城稷山。

传说帝尧时期，周朝王族的始祖后稷，生于稷山，即今天的运城稷山县，被尧举为"农师"，被舜封为后稷，后世尊为农耕业始祖。

后稷教导人们适应时令，播种农作物，教民稼穑，促进了原始农业的发展。至今，运城稷山一带，后稷教民农耕的众多传说，妇孺皆知。稷益庙里的许多壁画，真实展现了后稷教民稼穑的动人场景。

广泛流传的"嫘祖养蚕"神话故事，更是家喻户晓。

民间传说，嫘祖是夏县西阴村人，嫘祖教民养蚕于夏县。

嫘祖，西陵氏族部落之女，黄帝正妃，颛顼帝的祖母。黄帝为了缔结联盟，娶嫘祖为妻。

黄帝打败蚩尤后，被推为部落联盟首领。黄帝带领民众发展农耕业、畜牧业、冶炼业，而把服饰业交给嫘祖掌管。

唐代赵蕤题《嫘祖圣地》碑文称，嫘祖"首创种桑养蚕之法，抽丝编织之术，旨定农桑，法制衣裳，兴嫁娶，尚礼仪，架宫室，奠国基"。被历代帝王尊为"先蚕"，民间历祀尊为"蚕神"，世人称为"中华民族的伟大母亲"。

古河东盐湖的开发，有着五千多年的历史。因盐池而兴，因盐运而名，一座名副其实的盐务专城，全国仅此一家。

池盐的原始生成方式，"天日暴晒，集工捞采"。远古时代，盐是人类维持生命的必需品，日常食用、祭祀贡品、军需用品，全都离不开食盐。盐更是国家税赋的重要来源，历代统治者视盐为"国之大宝"。

中国商业鼻祖，春秋时代的巨商临猗人猗顿，发明了垦畦晒

嫘祖庙

《嫘祖圣地》碑文称，嫘祖"首创种桑养蚕之张，抽丝编织之术，旨定农桑，法制衣裳，兴嫁娶，尚礼仪，架宫室，奠国基"。被历代帝王尊为"先蚕"，民间历祀尊为"蚕神"，世人称为"中华民族的伟大母亲"。

盐法，大大缩短了出盐时间，首开中国商贸先河，孕育了古中国最早的商业文明，盐商成为晋商的源头。

人类文明的第一缕阳光，照亮了华夏民族的上古九天。

国家文明的摇篮

1978 年，晋南盆地挖掘发现的陶寺遗址，一时轰动了考古学界，成为一次震惊世界的考古发现。陶寺遗址代表了龙山文化前期，中国较高考古学文化。

陶寺遗址，一个古老的国都雏形埋藏在这里。

华夏国家文明的第一缕阳光，在这里冉冉升起。

陶寺遗址坐落于崇山向汾河过渡的黄土塬上，遗址面积可达四百万平方米，相当于四个北京故宫。遗址挖掘发现的一千三百多座墓葬，十三万平方米宫城，另有一批大型及中型城址，提供了一个国家文明的难得标本，揭开了早期国家文明的千年之谜，代表着国家文明的真正开端。

陶寺聚落布局，存在着明显的统一规划，宫殿区、墓葬区、仓储区、祭祀区、作坊区规整分明，社会组织与结构比较完备，具有较高程度和较为先进的政治文明。

陶寺遗址出土了大量陶器、玉石器、骨器、铜器等，典型器物有夹砂缸、釜灶、肥足鬲、大口罐、折腹盆、扁壶等。器具上绘制的图案斑斓绚丽，几何形纹、涡纹、回纹、龙纹、变体动物纹，丰富多彩。

这些出土文物，文化面貌丰富多彩，发展水平较高，真实反映了原始氏族社会开始进入了一个新的历史阶段。

2013 年 11 月 11 日，中国社科院考古所召开了一次重量级"唐尧帝都文化建设"座谈会，八十高龄的山西省考古研究所原所长王克林发言说，陶寺遗址即为史载尧都平阳，地处冀州，属于龙山时代晚期。考古资料与历史记载，为我们说华夏文明形成于河东，提供了看得见、摸得着的物证。陶寺遗址考古挖掘的丰硕成果，成为"尧都平阳"的最有力佐证。

山西文化学者李琳之提出，以陶寺遗址为核心的古河东地区，包括今天的临汾、运城和晋城的部分县市，这是中华文明的主流源头。

考古发现与典籍文献相互印证，完整再现了唐尧时期国家文明的初始形态。

陶寺遗址

1978 年，晋南盆地挖掘发现的陶寺遗址，一时轰动了考古学界，成为一次震惊世界的考古发现。陶寺遗址代表了龙山文化前期的考古学文化。一个古老的国都雏形埋藏在这里，提供了一个国家文明的难得标本，揭开了早期国家文明的千年之谜。

典籍《尚书·虞书·尧典》，对尧七十年执政政绩，评价甚高："稽古帝尧，曰放勋，钦、明、文、思、安安，允恭克让，光被四表，格于上下。克明俊德，以亲九族。九族既睦，平章百姓。百姓昭明，协和万邦。黎民于变时雍。"

这段话翻译成白话意思是，我们考察古代传说中的帝尧，他的名字叫放勋。他处理事务不仅敬谨、明达、文雅、有谋略，而且温和，诚实，恭谨，推贤让能。因此，他的光辉照耀四海，感动天地。他能够发扬伟大的美德，使家族和睦融洽。家族既已和睦，官员职守既已明确，便使天下各国协调和顺，民众也就更加融洽。

司马迁的《史记·五帝本纪》，对尧同样给了极高赞誉："帝尧者，其仁如天，其知如神。就之如日，望之如云，富而不骄，贵而不舒。"帝尧仁德如天，智慧如神。接近他，就像太阳一样温暖人心；仰望他，就像云彩一般覆润大地。他富有却不骄傲，尊贵却不放纵。

在司马迁看来，帝尧之德行、智慧、行为、衣饰，皆可为人师表。

伟大的儒学创始人孔子更说："惟天为大，惟尧则之，帝王之德莫盛于尧。"

《史记·五帝本纪》还记载说，尧根据舜的建议，把共工流放到幽陵，以改变北狄的风俗；把驩兜流放到崇山，以改变南蛮的风俗；把三苗迁徙到三危山，以改变西戎的风俗，把鲧流放到羽山，以改变东夷的风俗。惩办了这四个罪人，天下人无不心悦诚服。

尧在位期间，命令羲氏与和氏，根据观测日月星辰的情况，制定历法，把时令授予民众，促进农耕文明的发展。

尧还制定了各种官员职守，部落联盟的各项事业兴盛发达起来。

尧开创了华夏国家文明先河，具有重大的历史里程碑意义。

舜执政以后，继往开来，承上启下，采取了一系列重大政治变革。

某一年的二月，舜到东方巡视。巡视到泰山时，用烧柴的仪式祭祀东岳，用遥祭的仪式祭祀各地的名山大川。接着，在泰山脚下召见东方各诸侯，并协调校正了四时节气，统一音律以及长度和重量的标准；修订吉礼、凶礼、宾礼、军礼、嘉礼五种礼法；规定了桓圭、信圭、躬圭、谷璧、蒲璧五种玉器的使用规格；规定了初次相见时的赠礼。

这一年的五月，舜去南方各地视察，到达南岳衡山。

八月，舜到西方各地视察，到达西岳华山。

舜返回都城之后，到尧的太庙祭祀祷告，用公牛一头为祭品。并立下规定，每隔五年，都要进行一次全面巡行视察。四方诸侯分别在四岳朝见天子，向天子全面报告自己的政绩。天子认真考察诸侯的政治得失，把车马衣服奖给有功的诸侯。

舜的治国方略还有一项重大改革，"象以典刑，流宥五刑"。舜命令把常用的五种刑罚的形状刻在器物上，用以警戒世人。用流放的办法取代刺字、割鼻、断足、阉割、杀头五种刑罚。舜认为，刑罚一定要"谨慎，谨慎，在使用刑罚时，要慎之又慎"。

舜即天子位后，政治上进行了一番大的兴革。对禹、弃、契、

舜帝村

位于运城永济市张营镇境内。《史记·五帝本纪》曰："舜，冀州之人也。舜耕历山，渔雷泽，陶河滨，作什器于寿丘，就时于负夏。"

皋陶、垂、益、伯夷、夔、龙等九位贤人，任命为"九官"。禹为宰相，弃为农官，契为司徒，皋陶为司官，垂为工官，益为虞官，伯夷为礼官，夔为乐官，龙为传达官。九官体制，奠定了古代国家的基本架构。

舜是华夏民族的道德文化之根。《史记》认为，"天下明德，皆自虞帝始"。

中国先秦史学会理事长李学勤《祭舜帝文》说：舜"承尧传禹，拓新人文，功德丰伟，立极乾坤"。

舜承尧制，把帝王之位禅让给了大禹。

相传，大禹治水的宏伟工程是从运城开始的。运城大地上，留下了许多大禹的动人传说。凿龙门、开三门、望夫台、米汤沟、禹王村、禹王城、大禹庙、大禹渡、禹王坟等遗迹星罗棋布。

传统文化的滥觞

运城虞乡境内，有一座著名的华胥峰，以华夏始祖的名字命名。华胥峰当地又称华咀、华聚、华居。

民间传说，华胥生伏羲和女娲，伏羲女娲生少典，少典生炎帝及黄帝。史前五帝都是华胥族的后裔。

丰富多姿的传统文化因子，就根源于这块文明圣火的土地，萌芽于这块降生始祖的土地，成长于这块圣贤迭出的土地。当代中国，色彩斑斓的文化形态，都可以从晋南河东找到最原始基因。

《史记·五帝本纪》记载，轩辕黄帝手下有四位大臣，黄帝"举风后、力牧、常先、大鸿以治民"。

黄帝
黄帝（公元前2717年——公元前2599年），部落联盟首领，远古时代华夏民族的共主。五帝之首，人文初祖。本姓公孙，后改姬姓，故称姬轩辕。

风后，精于《易》数，明于天道，发明了指南车和八阵图，采用经略，出山帮助皇帝，大小功勋无数。运城解州镇东门外社东村，树有一块"风后故里"的大碣石。芮城风陵渡，现存风后墓遗址。

力牧，拜为大将，传说他发明了两轮车，中华民族第一个陆上运载工具。力牧不但善于牧羊，还善于射箭。

常先，发明了众多狩猎工具。据传，军队发起冲锋的战鼓，也是常先发明的。

大鸿，著有《鬼容区兵法》三篇。据《汉书·艺文志》记述，大鸿是一位训练军队的高手，经常在具茨山训练黄帝的队伍，后人把他练兵的山峰称为大鸿山，屯兵的地方叫大鸿寨。

黄帝身边除这四位大臣外，还有很多名臣要属。

仓颉，始创文字，汉字鼻祖，具六书之法。

隶首，作数，定度量衡之制。

伶伦，音乐始作俑者。取谷之竹，以作箫管，定五音十二律。

岐伯，医学鼻祖，著有《黄帝内经》。古人将医学称为岐黄之术，其中"岐"指的是岐伯，"黄"就是黄帝。

运城，被人们称为华夏文化之根。

延至虞舜时期，文化成就硕果众多，龙山文化达至峰巅。

相传，舜还是一位艺术天赋极高的乐者，"弹五弦之琴，歌南风之诗"。他亲手制作了丝弦乐器五弦琴，流传至今的中国古琴，就是由他创制。

舜还创有六律五声八音，谱写了《九招》《六列》《云英》等华美乐曲，亲自创作了著名琴歌《南风操》，用以祈福教化民众。

舜还会演奏大韶和啸韶，优美乐声能使"百兽率舞，凤凰来仪"。

舜堪为华夏古代文化的集大成者。

2018 年 5 月 29 日，"中华文明起源与早期发展综合研究"项目发布最新成果："探源工程"逐渐揭开了中国上古史的神秘面纱，五千多年前，中国已进入"古国时代"。

远古先民开天辟地的神话传说，烟海浩繁的典籍文献，考古资料的挖掘发现，古迹遗存的星罗棋布，无不充分印证晋南古河东盆地是华夏文明的核心发祥地，古中国文化的"直根"。

在这片襟山带河的富饶土地上，世代传承着炎黄子孙最古老的血缘基因，涌动着华夏历史长河的涓涓源流，谱写着中华文明永续传承的瑰丽诗篇。

大河之东，山西运城，这是一个最早称为"中国"的地方。

人类文明的第一缕曙光，从这里黎明初现。

人类文明的第一道霞光，从这里喷薄而出。

人类文明的第一束阳光，从这里冉冉升起。

这是中国农耕文明的源头。

这是中华国家文明的摇篮。

这是华夏传统文化的滥觞。

晋南古河东，在这块历史文化底蕴深厚的大地上，孕育了博大精深、丰富繁多的中国元素和文化符号，悠悠传承五千年。华夏始祖创立的"天下为公""天下民生""天下家国""天下归宗""天下大同"等优秀传统文化精髓，如日月之光辉，云天之电光，映照中华百代，光耀人类千古。

第二章 / 天下为公

　　"天下为公"以远古历史为发端，以尧舜政治价值追求为原点，融通古今，向人们昭示了"天下者，中国之天下，群臣、万民之天下，三军之天下，非陛下之天下"的"公天下"思想。"天下为公"体现了中华优秀传统文化的源流与走向，体现了"权为民所赋、权为民所用"执政理念的文化渊源，寄托着普天下的社会政治理想，蕴含着华夏民族几千年的追求期望，承托着炎黄子孙期望实现的伟大梦想。

华夏政治文明波澜壮阔的历史长河，尧舜禹时期，犹如一股浪花飞溅的湍流，浪淘千古，愈益清澈。

大约五千年前，黄河中游晋南盆地，一支黑眼睛黄皮肤的人种，高亢奏响了从野蛮走向文明的号角，一举创造了远古文化最高峰，繁荣辉煌的龙山文化。

众多学者研究认为，龙山文化时期即为尧舜时代。

至圣先师孔子一生"祖述尧舜，宪章文武"。

崛起于汾河流域的部落联盟首领唐尧，被孔子誉为"天下为公"政治文明的奠基者。

古文献记载，部落首领尧"茅茨不剪，采椽不斫"，生活十分简朴，住的房子很简陋，茅草芦苇盖房顶，椽子粗糙没有刨光，吃的是粗粮，喝的是野菜汤，冬天披块野兽皮，夏天穿件粗麻衣，衣食住行都与庶民百姓没有区别，全体部落成员同甘共苦。

帝位禅让开先河

尧在位七十年，首开帝位禅让的先河。

皇权帝位的传贤禅让，传颂千年，一直歌咏不绝。

迟暮之年，尧急切想选一个堪任大位的智慧贤者。

一个阳光明媚的春日，尧召集四方部落首领来商议。尧问各位首领："你们认为谁能担负天子的重任？"

有人提议说，可以传给您的儿子丹朱。

尧断然拒绝了"父亡子继"的建议。《史记·五帝本纪》记载，尧认为丹朱"顽凶，不用"。"尧知子丹朱之不肖，不足授天下，

尧帝陵

　　尧（约公元前2377—公元前2259年），姓伊祁，号放勋。上古时期部落联盟首领，"五帝"之一。尧在位七十年，首开帝位禅让的先河。

于是乃权授舜。授舜，则天下得其利而丹朱病；授丹朱，则天下病而丹朱得其利。尧曰：'终不以天下之病而利一人'。""终不以天下之病而利一人"，意思是说，这孩子愚笨而又不守忠信。我考虑过了，把部落联盟的最高权力交给贤者，天下人都可以得到好处，只是丹朱一人痛苦。如果把帝位的权力传给丹朱，天下人都会痛苦，只有丹朱一人得到好处。我不能拿天下人的痛苦去造福丹朱一个人啊！

尧下令将丹朱流放到南方一个叫丹水的偏僻地方，就是今天的丹江上游一带，尔后让大家继续举荐。

经过部落首领们的多次遴选推荐，尧最后选定忠厚孝行，闻名遐迩的虞舜，作为自己的帝位继承人。

汉代伟大的史学家司马迁由衷赞叹道："尧知子丹朱之不肖，不足授天下，于是乃权授舜。"

尧选择正月的一个吉日，在太庙举行了隆重的禅位典礼。《尚书》称，舜"受终于文祖"。

因为尧帝的禅让，舜从一个社会底层的贫苦青年，华丽转身为华夏民族德高望重的部落首领。

舜传奇曲折、彪炳日月的光辉一生，就是一部华夏原始先民气势磅礴的英雄史诗。

舜当了部落首领后，仍然保持着勤劳俭朴的冰雪情操和品行，跟普通百姓一样参加农事劳作，一起渔猎和制陶，一样对身边周围的庶民宽厚亲近。

舜即帝位后，广泛征求"四岳"部落首领的意见，举贤任能，任用"八恺"、"八元"等拥有和善美德的十六位贤人，惩处

舜帝陵

舜（约公元前 2277- 约公元前 2178），姚姓，有虞氏，名重华，谥曰"舜"。上古时代氏族社会后期部落联盟首领，治都蒲阪（今山西永济市），史称帝舜。司马迁说："天下明德皆自虞帝始"。

流放了先朝贵族的后代"饕餮""浑沌""穷奇""梼杌"等"四凶"，由此天下大治，帝都定于蒲阪，即今天的运城永济。

史书记载，舜勤政爱民，身许天下。唐人李鼎祚在《周易集解》中说："尧舜一日理万机。"

《国语·鲁语上》甚至说："舜勤民事而野死。"为天下民众日夜劳累辛苦，驾崩于巡视途中的苍梧之野，可谓是"鞠躬尽瘁，死而后已"的先行者。

《墨子》记载说，舜去世安葬时，十分简朴，"衣衾三领，穀木之棺"，用普通的椇木做棺材，随葬品只有三件被子和衣服，下葬完后坟茔被填成平地，人们可以在上面走来走去。

舜摄政二十八年，正式即位三十九年。典籍《尚书》对舜的治国理政给予了很高的评价。

舜在位期间，"允厘百工，庶绩咸熙"，众多事业兴办起来，政绩显著，凤凰来仪，奠定了"九官"政治的治理框架，构建了古代国家的雏形，开创了"尧天舜日"的盛德天下。

舜岁数越来越大，身体日渐衰老，于是想找一个道德高尚、仁爱天下的帝位继承人。

舜有八个儿子，其中七个平庸无才，只有义均聪敏，封于商，号商均。

有人向舜提议说，帝位袭传您的儿子商均最好。

禹王城遗址
位于运城夏县禹王乡禹王村一带，因传说夏禹曾在此居住过，故称禹王城。

《史记·五帝本纪》对此的记述是:"舜子商均亦不肖,舜乃豫荐禹于天。"舜知道自己的儿子难承大任,就事先把禹推荐给上天。最终,舜根据四岳的上奏建议,把帝位禅让给了治水有功的大禹。

唐太宗感道:"丹朱、商均,子也,而尧舜废之。故知君人者,以天下为公。"(《贞观政要》)

禹作了十七年储君,舜帝逝世后,顺利登上帝位。

孔子称赞说,尧舜"不独亲其亲,不独子其子"。

舜接过尧"传贤不传子"的"公天下"旗帜,传颂万古的帝位禅让达于峰巅,再放异彩。

天下非一人之天下

正是那样一个圣贤迭出、空前绝后的非凡时代,诞生了世界政治史上光耀千古的思想明珠:"天下为公"。

"天下为公"这一经典理论,最早由孔子提出,始见于儒家文献西汉戴圣编定的《礼记·礼运篇》。

据这部先秦典章制度汇编记述,孔子参加鲁国的腊祭。祭祀结束后,他出来走到宗庙门外的楼台上散步,不觉感慨长叹。

孔门七十二贤中,唯一的南方弟子言偃走到他身边问道:"老师为什么叹息?"

孔子一声感叹,道出了一句永载史册的经典之经典:"大道之行也,天下为公。"

这句话翻译成现代白话,意思是说:"在大道施行的时候,天下是人们所共有的。"

孔子进一步解释说，"大道施行的尧舜禹及夏、商、周时期，英明君王当政的时代，我都没有赶上，我对他们心向往之。"

孔子所说的大道实行的尧舜时代，既是天下为公的滥觞，又是天下为公的样本典范。

天下为公，是孔子对尧舜政治理念的精确总结，是他社会政治理想的灵魂。

孔子生于乱世，国家政治权力正由"公天下"向"家天下"过渡。他一心向往的"天下为公"，核心是国家最高权力的为公属性。天下是天下人的天下，为大家所共有，天子之位，传贤而不传子。

这样一种政治价值追求，经过历代思想巨人的继承拓展，被赋予了丰富博大的内涵，升华为古代中国一种独立的社会政治思

孔子

孔子一生"祖述尧舜，宪章文武"，儒家学派的奠基人。

想体系。

以孔子为代表的先哲群体，超越时空的深邃智慧，总让后人惊叹不已，肃然生出一份虔诚的历史仰慕。

"天下为公"白描式勾画的政治蓝图，向世人展示了一幅崇高而远大的人类社会理想愿景，承托着历代政治家、思想家的天下情怀和信仰价值，更是华夏民族世代向往的社会憧憬。

"天下为公"所蕴含的丰富的人民性，一直是中国传统治国理论的理想向往，进而成为近代社会政治批判的价值尺度，对中国政治文明进程产生了极为深远的重大影响，时至今日仍是我们推崇践行的崇高社会政治准则。

秦汉之后，经学大师对"天下为公"不断作出深入阐释。

他们认为，天下为公首先是一种帝位传承的制度性安排。天子之位非一家一姓的私有财产，而应该视为天下人所共有。

《吕氏春秋》提出，"天下非一人之天下也，乃天下人之天下也"。

汉代经学大家郑玄注释说："公犹共也，禅位授圣，不家之睦亲也。"

唐人孔颖达对郑玄的注进一步"疏义"："天下为公，谓天子位也。为公，谓揖让而授圣德，不私传子孙。"

天下是人民所共有的，天下是公众的天下。天子之位，传贤者而不传子孙，这就是所谓的"天下为公"。

《宋史全文续资治通鉴》说得更为明了："天下者，中国之天下，群臣、万民之天下，三军之天下，非陛下之天下。"

秦嬴政统一中国后，称始皇帝，并规定继者称为二世、三世，以至万世。

刘向的《说苑·至公》记载，自以为"功盖五帝"的秦始皇，最初曾想禅让帝位。

有一次，他召集群臣商议说，古代尧舜禅位让贤，我是否也可以效仿呢？

身为始皇顾问的七十个博士，长时间没有人应对。

最后，鲍白令之站了出来，回答说："天下官，则禅贤是也；天下家，则世继是也。"鲍白令之的意思是，公天下，帝位是禅让的，家天下，皇位则是父子嫡传。

他还历数秦始皇建宫室、修陵墓"殚天下，竭民力，偏驳自私"的种种行为。

秦嬴政心中十分不快，"面有惭色"，但又无言以对。但他最终还是放弃了禅让帝位的打算。

帝位传承，起始于夏，商周以继，至秦最终确立了"家天下"专制体制。

《旧唐书》有一段记载，唐高祖"以天下未定，广封宗室以威天下"。

太宗即位后，询问近臣："遍封宗子，于天下便乎？"

尚书右仆射封德彝回答道："遍封宗子"，"敦睦九族"是"天下为私"之道。

太宗于是说，我应为百姓着想，不能为了让自己的亲族享受而伤害百姓。

唐姓宗室全都降低爵位，只对有功的十个人封王。

为政以德　修齐治平

国家公权力，庶民大众根本无法给以制衡。如何才能保证身居大位，手握重权的帝王，能像尧舜那样心怀天下，勤政为民？

孔子认为，"为政以德"，这是保障实现"天下为公"的路径选择。

《论语·为政篇》专门探讨了这个问题："为政以德，譬如北辰，居其所而众星共之。"

统治者如果实行德治，就像北极星一样，自己不动，群臣百姓却自动围绕着转。

"为政以德"主张用道德来治理国家，这种治国方略称为"德治"。

战国时期独领风骚的孟子，在《离娄下》第一章进一步解读说，舜生于诸冯，文王生于岐周，两地相距一千多里，时代相距一千多年，但"先圣后圣，其揆一也"。先出的圣人和后出的圣人，他们所遵循的法度都是一样的。

尧舜文武诸圣人，一以贯之的"法度"，就是为政以德。

战国时期，魏国的都城安邑，在今天的运城夏县禹王城一带。

魏国百年霸业的开创者魏文侯，在位五十年，选贤任能，关爱百姓，启用李悝变法，西门豹治邺；专心内修德政，率先实行变法，奖励耕战；兴修水利，推行精耕细作技术，综合利用魏国的田地和山川，提高耕地使用效率。魏国经济社会呈现出蒸蒸日上的勃勃生机。

魏文侯的施政举措，成为秦国商鞅变法的蓝本。

在战国二百多年的历史上，魏国就是依靠"内修""奖耕"等德政措施，最先强盛称雄的国家。

"德"是为了"为政"，"为政"者应是有德之君。执政者首先要有良好的品德素质，内心有道，无懈可击。

孔子由此构建了一个缜密的德政逻辑，"亲亲而仁民"，"修己以安百姓"。

《论语·颜渊篇》记载，季康子问政于孔子。孔子曰："政者，正也。子帅以正，孰敢不正？"

"政"字的意思就是端正。你自己带头端正，谁敢不端正呢？自己身正德行，才能为政治国。

《论语·尧曰》里，子张向孔子请教，"如何可以从政"。孔子回答说："尊五美，屏四恶，斯可以从政矣。"孔子把从民心顺民意，"惠而不费，劳而不怨，欲而不贪，泰而不骄，威而不猛"誉为五种从政美德，把"残虐、凶暴、贼邪、支出吝啬"称为四种从政恶行。

《大学》最早记述了"修齐治平"思想："古之欲明明德于天下者，先治其国；欲治其国者，先齐其家；欲齐其家者，先修其身；欲修其身者，先正其心。心正而后身修，身修而后家齐，家齐而后国治，国治而后天下平。"

治国必先治家，而治家必先修身。只有通过"修身"，成为一个有德之人，尔后才能做一个有德之君。"修身""齐家""治国""平天下"形成了一个完整的道德伦理价值标尺。

唐代，有一个非常时髦的风尚，人们最喜爱的宠物是鹞鹰。

魏文侯

魏国百年霸业的开创者，在位
五十年。启用李悝变法，西门豹
治邺；专心内修德政，魏国经济
社会呈现出蒸蒸日上的勃勃生机，
开创了晋国长达百年的霸业。

这种小鸟体型灵巧，会用喙为主人梳头挠痒，十分讨人迷恋。

唐太宗是鹞鹰的骨灰级粉丝。为政之余，时常在后花园玩鸟
逗趣。

有一次，他正在后花园里玩兴正浓，忽见尚书左丞魏徵快步
走来。太宗惧怕老臣魏徵，急中生智，赶紧把鸟藏揣到了怀里。

魏徵心知肚明，此处无声胜有声。为从侧面警示皇上，切莫
玩物丧志，故意侃侃而谈，没完没了地禀报了一大堆朝廷政事。
因为他们谈话的时间太长了，太宗怀里的鹞鹰憋死了。

自己无比心爱的小鸟憋闷死了，太宗心中很是落寂，郁郁
不乐。

但事后，太宗却对魏徵予以嘉奖。从此以后，太宗终生不再
玩耍鹞鹰。

万人之上的赫赫帝王，面对臣子旁敲侧击的警醒，心生畏惧，

时刻不忘修身正己，成为千古美谈。

"修齐治平"清晰勾画了一条为政以德之路，即以家族伦理之德，行"天下为公"之政。从小家走向大国，顺理成章会把治家之策直接移植到国家治理中。

为政以德，无疑提供了一个极好的价值趋向。然而，这样一个软规范，缺陷也十分明显。期望圣明的皇帝以自己的德行做天下人的楷模，"内圣外王"，数千年历史上，可圈可点的屈指可数。

公元626年10月，唐武德九年，刚刚登基的唐太宗李世民，亲自主持召开了一次要臣重吏参加的御前会议，论政的主题是"自古理政得失"，目的是通过论证确定一条贞观朝治国策略。

在这次会议上，谏议大夫魏徵与中书侍郎身居相位的封德彝发生了尖锐对立。据司马光《资治通鉴》一百九十三卷记载：魏徵认为："久安之民骄佚，骄佚则难教；经乱之民愁苦，愁苦则易化。譬犹饥者易为食，渴者易为饮也。""大乱之后易治，譬饥人之易食也"。正如饥饿的人很愿意吃东西，大乱之后百姓也更愿意接受教化。只要上下同心，按照圣人的教导行事，几个月就能见效。而封德彝则认为："三代以还，人渐浇讹，故秦任法律，汉杂霸道，盖欲化而不能，岂能之而不欲邪！魏徵书生，未识时务，若信其虚论，必败国家。"夏商周三代之后，人心日渐浇薄，暴秦专用法律，汉则推崇霸道。不是秦、汉的君主不想教化百姓，而是实在教化不了。

史载这场著名的辩论，魏徵最终获得了完胜。《新唐书·魏徵列传》记载说，多年之后，唐太宗不无得意地感叹说："此徵劝我行仁义，既效矣。惜不令封德彝见之！"我之所以取得如此辉煌的成就，全是魏徵的功劳。

能像唐太宗那样，以自己的德行做天下人的楷模，以德理政，垂范天下，中国历史上约八百多个大大小小的君王皇帝中，实在是凤毛麟角。

只有把权力关进笼子，创立一种约束帝王公权力的制度性安排，天下为公才能付诸实践。

孔子继承了"德惟善政"思想，把"德政"思想拓展为"善政"理念。

国家治理更需要"善政"，清明的政治，良好的政令，以及妥善的法则。

"善政"，恰如一朵绽放于春秋大地的政治文明之花，国色天香。

天下为公还应该是"天下公平"。

《尚书·洪范》提出，"无偏无党，王道荡荡；无党无偏，王道平平；无反无侧，王道正直。"

没有偏向，不结党营私，治国为政的道路就会宽广而平坦。

到了孔子那里，天下公平就是要"君子不党"，"若日月之照临，光于四方"，像普天同照的太阳，明亮清许的月亮一样。

公天下的"民"，泛指一切人。全天下的士农工商皆为民，都应一视同仁，享受公平。不分贫富贵贱，"四海之内皆兄弟"，公平对待普天下的所有人。

孔子认同管仲的意见，"士农工商"为"国之石民"，即国家柱石，执政者应当一视同仁。

公权力不能仅仅属于一个家族，也不能仅为一个利益集团所拥有。

孙中山在《对驻广州湘军的演说》中大声疾呼："提倡人民的权利，便是公天下的道理。天下为公，人人的权利都是很平的。"

民为邦本　本固邦宁

成书于战国时期的《六韬》，在其首篇《文师·文韬》中，讲述了一个极为生动感人的君臣相遇的故事：

周文王准备去打猎，太史官占卜后说："您这次到渭河北岸打猎，将会得到一位公侯之才。他是上天赐给您的老师，辅佐您的事业日渐昌盛，并将施恩加惠于您的子孙后代。"

周文王为了成就灭商大业，正求贤若渴。果然，文王狩猎中遇到了正在河边钓鱼的姜尚，就是后世闻名遐迩的姜太公。

君臣二人一见如故，相见恨晚，谈得十分投机。姜太公高屋建瓴，提出了得取天下的具体谋略。

姜太公认为："同天下之利者则得天下，擅天下之利者则失天下。天有时，地有财，能与人共之者，仁也。仁之所在，天下归之。免人之死，解人之难，救人之患，济人之急者，德也。德之所在，天下归之。与人同忧、同乐、同好、同恶者，义也；义之所在，天下赴之。"

同天下所有的人，共同分享天下利益，就可以取得天下；独占天下利益，就会失掉天下。天有四时，地有财富，能和人们共同享用的，就是仁爱。仁爱所在，天下之人就会归附。

周文王深为赞赏，马上"立为师"，并按照姜尚的谋略，攻城略地，轻取天下，很快消灭了商纣，建立了周王朝。

《尚书·夏书》中有一首"五子之歌"，可称为帝王亡国的挽歌。

夏朝国君太康，不埋政事，沉迷游乐，带着随从到洛水的南面去打猎，一百多天还不回来。

太康的弟弟等五人，侍奉母亲来到洛水湾畔，焦急等着太康回来。

就在等待这段时间，太康的弟弟连续写了五首歌谣，劝诫太康。

歌诗大意是，辉煌的伟大先祖禹王，曾有明训教诲，民众可以亲近而不可看轻。"民为邦本，本固邦宁"，民众是国家的根本，根本坚固，国家才会安宁。

想起皇祖大禹的训诫，心思郁闷，无比哀伤，哪里可以回归！

周文王

姬姓，名昌，周朝奠基者。在位期间，"克明德慎罚"，创周礼，备受儒家推崇，孔子称文王为"三代之英"。

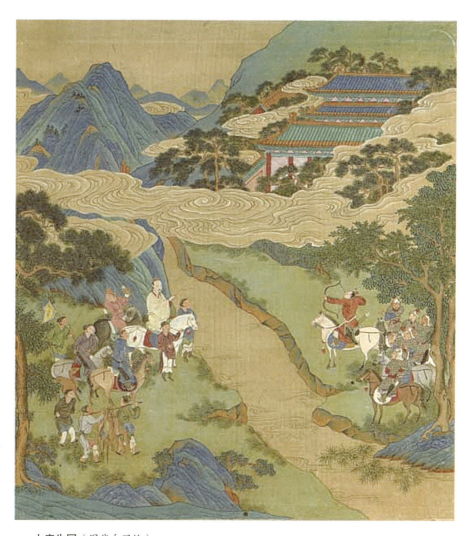

太康失国（图载自网络）

　　夏朝国君太康，不理政事，沉迷游乐，带着随从到洛水的南面去打猎，一百多天还不回来。太康的弟弟写了"五子之歌"，劝诫太康。歌诗大意是，"民为邦本，本固邦宁"，民众是国家的根本，根本坚固，国家才会安宁。

或许，这是中国最原始的"为政以德"的沉沉呐喊。

执政者不仅要有"德行"，更要明确执政的指向，执政的目的是什么。

权力到手后，一个尖锐且现实的问题摆在了执政者面前，权力的本质是什么？是为了服务百姓还是为了整治百姓？

"天下为公"还是"天下为私"，始终是中国历史千年未解的历史之问。

德政以公权谋公利，恶政则以公权谋私利。

早在尧舜时期，就已萌生了"民众为天，公权为辅"这样极其光辉的政治价值观。

天下为公，作为一种政治学说，最大的价值在于简洁表达了政治是什么。政治就是"执政为民"，国家要为天下大众服务，要以公共权力服务公众利益。

由此延伸，规范为政之道，要用"三王之德"，做到"三无私"。"天无私覆，地无私载，日月无私照。"要像天一样覆盖大地而没有私心，像大地一样载育万物而没有私心，像日月一样普照万物而没有私心。

《周书·泰誓》中，已对君民关系作了鲜明表述。公元前1046 年，武王伐纣，史称"八百诸侯会盟津"。

武王向广大诸侯誓师，写下了"天佑下民，作之君，作之师"的出师誓词。

武王认为，上天是为了下民的利益，设置君师这两个位置的。"民之所欲，天必从之"。精英一旦与下民的利益发生冲突，都应当"以公灭私，民其允怀"。从政应以公平灭私情，以自己的利益服从下民的利益，民众才会信服归顺你。

夏商继亡，西周汲取前两朝的深刻教训，提出了"敬德保民""以德配天"的治国路线图。

先秦儒家最后一位大师荀子，一骑绝尘，曾向君王宣示"天下为公"的道理："天之生民，非为君也；天之立君，以为民也。"天佑民立，天从民欲，即是中国传统文化民本思想的高度概括。

华夏政治文明的脚步缓缓迈进战国时代，孔子的真传孟轲青出于蓝而胜于蓝，把先师的"天下为公"思想向前推进了一大步。

在《尽心篇》中，孟子惊天喊出了"民为贵，社稷次之，君为轻"的醒世箴言，大胆提出了"得民心者得天下"的千古名言。

孟子的核心思想是，"民贵君轻"，百姓最重要，国家的重要性低于百姓，而国君的重要性最低。得到百姓拥戴的人才能做天子，得到天子信任的人才能做国君，得到国君信任的人才能做大夫。

汤武革命　代天行罚

中国政治文明史上，所谓的"汤武革命"，始终是个绕不过去的话题，实际上就是为解决"天下为私"，由此引发的政治革命。

先秦儒、墨、道等学派，汲汲于辨析这个历史之问，几乎一致主张，统治者只有遵循、效法天地之道，才能真正引领整个天下走向太平大治；唯有天下为公，才能平治天下，反之，"私者，乱天下者也"。

他们甚至如此这般，严厉警告那些无视民意的"肉食者"："好人之所恶，恶人之所好，是谓拂人之性，灾必逮夫身。"喜好人民所厌恶，厌恶人民所喜好，这是违背人的本性，祸患临头已经不远了。

执政者罔顾天下，把公天下变为私天下，那么就要把公权力收回来。《易·革·彖辞》说："汤武革命，顺乎天而应乎人"。

国君不行仁政，"汤武革命"则是天经地义。放桀伐纣，这是替天行道。

商汤天乙，领导商部族和其他同盟部族，使用战争暴力手段，反抗残暴统治，推翻垂死腐朽的夏王朝，建立新的统治秩序。他这样做，符合人民的愿望。

"汤武革命"不是"犯上作乱"，而是"代天行罚"。孟子说应当给予肯定和赞扬。

秦汉隋唐以降，国家作为公权力的载体，已经异化为一个利益集团对其他群体的专政机器。

国家服务百姓的功能逐步退化，进而演变为血淋淋的刀枪枷锁，专门对付犯上作乱的百姓平民。

明末清初，民主主义启蒙思想开始浮出水面。王夫之在《读通鉴论》中，以"天下为公"为武器，猛烈批判封建制度，提出"公天下"的主张，"天下非一家之私"。

启蒙思想家黄宗羲则称"天下为主、君为客"。尖锐指出："天下之治乱，不在一姓之兴亡，而在万民之忧乐。"

顾炎武进一步提出，"亡国"与"亡天下"之分别。"国家"不是属于一家一姓的王朝，"天下"则为匹夫所共有。

千回百折历尽劫难的华夏古代历史，终于走到了尽头。

1912年2月12日，爱新觉罗·溥仪，无可奈何地颁布退位诏书，赫然写道：不能再"因一姓之尊荣，拂兆民之好恶"，因而"将统治权归诸全国，……远协古圣天下为公之义"。

中国历史上的末代王朝，"文明的灰烬"爱新觉罗家族，寿终正寝之际，油尽灯枯之时，方才回想到了天下为公的珍贵价值。

孙中山领导的辛亥革命，以"天下为公"为旗帜，发动了中国现代史上一场轰轰烈烈的"汤武革命"。

1911年10月，他为复旦师生作了《救国之急务》的演讲。演讲结束后，兴冲冲拿出笔墨，在一张宣纸上，写下了"天下为公"四个大字，并语重心长地说："天下为公，是要天下鼎鼎大公。"

孙中山一生多次题书"天下为公"四字条幅。据初步统计，仅目前收集到有受主姓名的就达32件，冯玉祥、张学良等人皆有受赠。

孙中山"天下为公"条幅

孙中山一生多次题书"天下为公"四字条幅。据初步统计，仅目前收集到有受主姓名的就达32件，冯玉祥、张学良等人皆有受赠。

昏天黑地，被压抑了 268 年的华夏大地，终于炸响一声惊雷，天空中划过照亮万古的电光。

经由陆王心学，奉"民生"为"主义"的孙中山，高举"天下为公"，对接先秦文化传统，与古中国优秀文化一脉相承。

孙中山开宗明义提出："我们三民主义的意思，就是民有、民治、民享。就是国家是人民所共有，政治是人民所共管，利益是人民所共享。"

在孙中山的理想社会里，做国家主人的也是全体人民，管理国家大事的是全体人民，享受平等幸福的是全体人民。

共和国家，人民是国家的主人，官吏是人民的公仆。"天下为公"落到了实处，家天下才是公天下，天子的世界方为庶民的世界。

1912 年 1 月 1 日，亚洲第一个民主共和国"中华民国"庄严宣告成立。

这天晚上 11 点，在南京市长江路 292 号，原清朝两江总督府，孙中山就任中华民国临时大总统。

朴素的就职仪式上，孙中山发布了《临时大总统就职宣言》和《告全国同胞书》，向普天下宣告，将"尽扫专制之流毒，确定共和，普利民生，以达革命之宗旨，完国民之志愿"。

从天下为公到天下为私，从德政善政到人治恶治，中国政治文明的历史长河千回百折。普天同誉的"天下为公"，体现了中华优秀传统文化的源流与走向。

天下为公，寄托着普天下的社会政治理想，蕴含着华夏民族几千年的追求期望，承托着炎黄子孙期望实现的伟大梦想。

中山陵

位于南京市玄武区紫金山南麓钟山风景区内，中国近代伟大的民主革命先行者孙中山的陵寝，具有极高的艺术价值，被誉为"中国近代建筑史上第一陵"。

天下为公，中华民族的文化基因，民主政治的古老源头，立党为公之滥觞。

中国共产党人，承继天下为公的优良传统，明确提出了人民政权的为公属性。执政党的根基在人民、血脉在人民、力量在人民。"权为民所赋、权为民所用"，立党为公、执政为民，从人民群众中汲取巨大物质和精神力量。正是这种力量创造了中国奇迹，书写了中国震撼，找到了中国道路。

"天下为公"犹如一部人类历史前进的核能发动机，正以无比强大的动能，推动中国政治文明大步走向民族复兴的美好愿景。

2017 年 10 月 18 日，中国共产党第十九次全国代表大会上，习近平总书记提出："大道之行，天下为公。站立在九百六十多万平方公里的广袤土地上，吸吮着五千多年中华民族漫长奋斗积累的文化养分，拥有十三亿多中国人民聚合的磅礴之力，我们走中国特色社会主义道路，具有无比广阔的时代舞台，具有无比深厚的历史底蕴，具有无比强大的前进定力。"

"天下为公"高挂人类历史的云空，宛如万古闪烁的北斗星辰，导引着人类政治文明前进远行的正确方向。

第三章

天下民生

"为政以德,政在养民"思想,成为古代中国民生思想最为经典的政治表达。民生是最大的政治,给人民带来好处,造福于民的政治才是好政治。"圣人之治天下,利民之事,丝发必兴;厉民之事,毫末必去。""凡治国之道,必先富民"。国家的责任就是"为人民谋幸福",让人民过上"各得其所"的幸福美满生活。人民对美好生活的向往就是执政党的奋斗目标。

《尚书·大禹谟》在概略记述大禹的丰功伟绩时，用了一字千金的八个大字："德惟善政，政在养民"。

德行应体现在治理好国事上，而治理好国政，根本目的是造福于民。

"为政以德，政在养民"思想，萌芽于尧舜禹，成为古代中国民生思想最为经典的政治表达。

"天下为公"的优秀政治文明传统，蕴含着"天下民生"的政治立场和道德价值。

平治水土　传世英雄

远古神话传说，龙山文化时期，华夏大地经历了一场洪水大劫难。"黄河西来决昆仑，咆哮万里触龙门"。

滚滚洪水冲垮黄河泥坝土堤，肆虐九州，天地一片汪洋。庄稼被淹没，山陵被冲毁，房屋也被摧垮，黎民百姓流离失所，家园尽失，被迫四处逃难。

部落联盟首领尧，面对天下九州"汤汤洪水""荡荡怀山""浩浩滔天"，天下臣民愁苦叹息，遭受洪水之害，忧心忡忡，下决心治理洪水，拯救黎民百姓。

尧根据四方诸侯的推荐，起用黄帝的玄孙鲧负责治理洪水。

鲧艰苦卓绝治水九年，"绩用弗成"，因修堤堵洪的方法不当，"功用不成，水害不息"，最终治水失败，被尧杀于羽山。

虞舜登上帝位后，经过考察，采纳了大臣的举荐，起用鲧的儿子禹接替父亲尚未完成的治水大业。

舜不计前嫌，大胆举用鲧的儿子禹，禹不计私仇，慷慨受领

大禹治水图（图载自网络）

　　远古神话传说，龙山文化时期，华夏大地经历了一场洪水大劫难。部落联盟首领尧，面对天下九州"汤汤洪水""荡荡怀山""浩浩滔天"，下决心治理洪水，拯救黎民百姓。

舜的治水重任。

禹告别结婚只有四天的妻子，迅速踏上了治水征程。

大禹治水传说，《墨子·兼爱中》记载说："古者禹治天下，西为西河渔窦，以泄渠孙皇之水。"

承载着远古万民殷殷期望的"禹凿龙门"，则是世代传颂的经典故事。

北魏郦道元《水经注》说："昔大禹疏龙门以通水。"

2016 年 8 月 4 日，一个中美科研团队在美国《科学》杂志上宣布，他们在黄河流域发现了古代一场超级大洪水的科学证据。

这个团队的研究成果初步证实，这场特大洪水很可能就是大禹时期的那场灾难性洪水。

大禹治水从神话传说走向历史的真实。

龙门山地处黄河中游，奔腾东下的河水受到龙门山的阻挡，溢出河道，洪水泛滥成灾。

禹带领人们开凿龙门，把山中间劈开一个大口子，疏泄洪水，黄河之水从此畅通无阻。

《史记·夏本纪》记述：禹"乃劳身焦思，居外十三年，过家门不敢入。""禹勤沟洫，手足胼胝。言乘四载，动履四时。娶妻有日，过门不私。"大禹居外治水十三年，艰苦卓绝，三过家门而不入，后世广为流传，由此演绎了许多感人的传奇故事。传说，禹第一次经过家门时，妻子正在分娩，发出阵阵疼痛的喊叫。人们劝他进去看一看，而禹怕耽误治水，没有进去看一眼。第二次经过家门时，儿子正在妻子的怀抱里向他微笑招手，他只是挥了挥手就走了。第三次经过家门时，儿子已经 10 岁，他深情地抚

河津龙门（摄影：刘发明）

龙门以"禹凿龙门"而闻名，位于运城河津市西北 12 公里。龙门两岸，石山壁立，形如巨门，宽度仅八十余米，黄河水由此南下山峡，是秦晋交界的重要关河之一。相传龙门是大禹治水时开凿而成。

摸一下儿子的头，然后就匆匆离去。

面对滔滔洪水，禹身先士卒，带领伯益、后稷等人，不畏艰难险阻，实地勘察测量，制定了疏导和围堵相结合的治水策略。开山通泽，疏浚河道，最终制服洪水，恢复了农耕生产，天下万民安居乐业。

《庄子·杂篇·天下》说道："禹亲自操橐耜而九杂天下之川。腓无胈，胫无毛，沐甚雨，栉疾风，置万国。"意思是大禹治水时，亲力亲为，双脚整天泡在水里，小腿上的汗毛都被磨光了。

禹治洪水，身许治水大业，由此成为中国历史上"平治水土""政在养民"的传世英雄。

德惟善政 政在养民

大禹身后三千年，宋代名臣范仲淹十分钦佩"政在养民"，在《陈十事》中作了深入阐发："此言圣人之德惟在善政，善政之要，惟在养民。养民之政，民先务农。农政既修则衣食足，衣食足则爱体肤，爱体肤则畏刑罚，畏刑罚则盗寇自息，祸乱不兴。"

百姓优先要把农耕做好，衣食充足，就会爱惜自己的身体，就会惧怕身体受到刑罚，因为畏惧刑罚，盗贼自然也就消失了。

给人民带来好处，造福于民的政治才是好政治。

清代经学家万斯大在《周官·辩非》中提出："圣人之治天下，利民之事，丝发必兴；厉民之事，毫末必去。"

有利于百姓的事，再小也要做，危害百姓的事，再小也要处理。百姓利益无小事，一桩桩"小事"，构成国家的政治"大事"。

远古的先人，通过总结尧舜文武的为政实践，把政治之魂高度概括为"政在养民"，精确回答了国家政治的根本立足点。

舜接替尧登上帝位，承继尧的民生思想，始终把关注民生放在执政的突出位置。

相传上古歌谣《南风歌》是舜亲自创作的一首爱民之歌。

南风之熏兮，

可以解吾民之愠兮；

南风之时兮，

可以阜吾民之财兮。

南风清凉阵阵吹，可以解除万民的愁苦。

南风适时缓缓吹，可以丰富万民的财物。

三国时魏国人王肃，由衷赞叹说："《南风》，育养民之诗也。"

这首歌谣经后世儒家的诗评阐释，"南风"逐渐含有比兴之意，成为煦育万物、播福万民的帝王恩泽颂歌。

走进那段历史深处，处处留存着舜帝"政在养民"的伟人足迹。

舜五十八岁时，尧去世了。百官和人民好像父母故去一样十分悲痛。守丧三年期满，这年的正月初一，舜来到文祖庙，打开明堂的四门，邀请四方诸侯共商国家大事，倾听四方意见。

《尚书·虞书·舜典》记载："咨，十有二牧！"曰："食哉惟时！柔远能迩，惇德允元，而难任人，蛮夷率服。"舜谆谆告诫说："十二州的长官，衣食是人民的根本。你们作为诸侯首领，只有安抚远方的臣民，爱护周围的臣民，并顺从他们的意志处理政务，这样才能取信于人，才能使政务达到至善的地步，人民才会对你表示臣服。"

舜执政六十多年，"衣食以厚民生，礼义以养其心"。通九泽、决九河，治天下洪水；平土地、划定九州地域；天下水患消除，人民安居乐业；政治清明，君臣相亲，开创了上古时期政通人和的盛世气象，成为中原地区最强大的部落盟主。

舜九十四岁时，将帝位禅让给了功勋卓著的大禹。

《尚书·虞书·大禹谟》记载："嘉言罔攸伏，野无遗贤，万邦咸宁。稽于众，舍己从人，不虐无告，不废困穷惟帝时克。"舜帝对禹说："善言无所隐匿，朝廷之外没有遗弃的贤人，万国之民就都安宁了。政事同众人研究，舍弃私见以依从众人，不虐待无故的人，不放弃困穷的事，只有尧帝能够这样。要你一定牢记尧王的教诲。"

《尚书·洪范》追忆记载，前朝夏禹，制定了一部治理国家必须遵循的九条大法，即《洪范九畴》。

到了殷纣时，君王荒淫无度，国事日非，大臣箕子进谏，纣王不听，还将箕子降为奴隶，并囚禁起来。

武王伐纣的牧野之战胜利后，武王听说箕子是一位智者，深明哲理，谙于治国之道，便亲自去访问箕子，向他请教。

箕子与武王的一番谈话，便是载入《尚书》的《洪范》。

洪范，就是洪大的范。铸造青铜器有范，治国亦有规范。青铜器视为国家的象征，所以把治国方式比作青铜器的制作模范。

箕子讲的"洪范"一共有九条，也称"洪范九畴"。第六条"义用三德"，专门讲国家管理者的道德指南。

第七条"明用稽疑"，是解决疑难问题的办法。准备办一件事情，如果君主、卡筮、官员、百姓都同意，那就叫大同，是最好的治国策略，完全可以施行。

如果百姓同意，君主不同意，官员不同意，叫做吉，也是可以施行的，百姓表达的意向高于君王及官员的意志。

西周时期的"保民""重民"理念，为春秋"政在养民"思想的升华，奠定了坚实基础。

商纣王的灭亡，给予西周统治集团极大的警示。他们开始认识到，"保民"是周王朝生存的根基。箕子对武王说："天子作民父母，以为天下王。"

周公在《尚书·无逸》中，谆谆告诫成王，应像商王祖甲那样，"爰知小人之依，能保惠于庶民，不敢侮鳏寡"。了解普通老百姓赖以生存的条件，保护和施恩众民，鳏寡之人也不能轻慢。

春秋战国时期，社会结构剧烈变革，人性空前解放，民众生活情状，获得了精英阶层的空前关注，开始进入哲人的思想视野。

这一时期的诸子百家，把眼睛盯向民众，提出的救世主张，体现了鲜明的民生倾向，无不把改善民生视为经国济世的治国良策。

民生是最大的政治

众多杰出的政治家、思想家，都在深度思考一个重大的哲学问题，政治是什么？政治与民生是一种怎样的关系？

大约经过春秋战国五百多年的艰难历史探索，他们最终取得了广泛共识：政治即民生，民生就是最大的政治。

三千多年后，经历"文革"十年的惨痛劫难，人们深度反省。2011 年 1 月 13 日《南方周末》发表的朱又可专访中国政法大学原校长江平的访谈，党的领导人胡耀邦曾经说过："老百姓看共产党好，还是国民党好，不是看你的纲领，不是看你的政策，不是看你的宣言，甚至不看你是信奉马克思主义还是三民主义，而是看谁给老百姓带来了更多的好处，带来了最切身的利益。"

如果让政治走出象牙塔，那么最通俗的诠释，"养民"就是让老百姓有饭吃，有衣穿，有房住，吃好喝好，过上幸福好日子。百姓吃饱了就是好政治。

老子的"道治"，孔子的"富民"，墨子的"兼爱"，孟子的"制民恒产"，荀子的"节用裕民"等，集中国古代民生思想之大成。

齐国著名政治家管仲率先提出要"以人为本"。在《管子·霸言》里说："夫霸王之所始也，以人为本，本治则国固，本乱则国危。"人民这个根本坚固了，国家才会稳定。强调"凡治国之道，必先富民"。

管仲还提出："政之所行，在顺民心。政之所废，在逆民心。"

司马迁点赞说："管仲相齐，顺百姓之美，匡救国家之恶，令君臣百姓相亲者，是管之能也。"

"政在养民"的传承谱系，传到孔子那里，趋于成熟，达于峰巅。

孔子认为，"古之为政，爱人为大"。主张爱民、养民、利民、惠民、教民、安民、博施于民。

《论语·里仁》载，孔子说："君子喻于义，小人喻于利。"为政做官的人君，心中必须装有正义，制度安排必须体现正义；小人就是细民，平民百姓最关心自己的利益，政治理应考虑百姓的切身利益。

《春秋左传》中，讲述了一个"利于民而不利于君"的生动故事。

邾国的国君邾文公让史官占卜，问道，把国都从邾即今天山东曲阜，迁到绎就是今天的山东邹县，这么做是吉是凶？

史官回答说："有利于老百姓，可是对国君却不利。"

邾文公听后说："国君的使命在于，让老百姓得到好处，我个人寿命的长短，就听天由命吧！只要对老百姓有利，迁了就是

老子

《道德经》:"我无为,而民自化;我好静,而民自正;我无事,而民自富;我无欲,而民自朴"。

最大的吉祥。"

郏文公短短"知命"一席话，闪耀春秋数千年。

《战国策》记载了一个齐使出赵的故事。

有一次，齐国派遣使者出使赵国，随身带来了齐王的书信。使者把信交给赵太后，赵太后把书信拿在手上，并没有马上打开，而是首先问道：

"你们齐国的收成好吗？"

没等使者回答，赵太后接着又问：

"齐国的百姓生活怎么样，是否安居乐业，吃得饱穿得暖吗？"

最后才问："齐王身体怎样，近来安好？"

赵太后的连续三问，齐国使者很不高兴，板着脸对赵太后说：

"我奉齐王的命令，千里迢迢出使赵国，来向太后问好。可您连齐王的书信都不看。哪有您这样的，先关心卑贱再关心尊贵的。"

赵太后表情凝重地对使者说：

"苟无岁，何有民？尚无民，何有君。"

意思是，如果没有收成，没有粮食，你们吃什么，用什么，还哪来的百姓；如果没有百姓，还哪来的齐国和齐王。收成和百姓才是根本。

齐国使者当即傻眼，心怀敬佩，无言以对。

《史记·孝文本纪》记载，汉孝文帝"即位二十三年，宫室苑囿狗马服御无所增益，有不便，辄弛以利民"。刘恒做了二十三年皇帝，没为自己修建宫苑，更没为自己增盖宫室，甚至连条宠物狗都没有增加。一经发现伤及百姓的政策，立即废止。

《贞观政要·卷六》称赞说，孝文帝"惜百金之费，辍露台之役"。"露台"就是一座露天的高台，用来乘凉观景，文帝原本打算在骊山修建一座。工匠计算了一下费用，约需耗费百金。文帝听后连连摆手，"百金相当于十户中等人家的家产啊。我住着高祖修建的宫殿，还时常担心给他丢脸，哪能再造什么露台。"于是罢建露台。

当地民众听说了这件事，感念文帝的体恤百姓之情，就在露台地基附近，建了一座纪念文帝的祠堂。"民感之，为立祠，其地有露台故址。"

公元前 157 年，汉文帝在未央宫去世。一生不曾奢侈，死后亦要节俭薄葬。他生前特别嘱咐，保持霸陵附近山河的原样，不

司马迁

司马迁用整个生命写成了一部光耀千古的伟大著作《史记》，被鲁迅称为"史家之绝唱，无韵之离骚。"较为详细地记述了尧舜传颂百代的丰功伟绩。

要大兴土木。《史记·孝文本纪》记载，霸陵内"皆以瓦器，不得以金银铜锡为饰，不治坟，欲为省，毋烦民"。

一百多年后，赤眉军攻入长安，据传所有皇帝的陵墓盗挖一空，唯独霸陵寸土未动。

罢建露台节省的不仅是"百金"之费，更为后世帝王留下了一个参照样本。

《旧唐书·太宗本纪》记述，唐太宗有风湿症，贞观二年夏天，大臣们建议按照《礼记》制度，修建一座阁楼居住。太宗摇头说，我当然知道，自己的身体不适合住在潮湿的地方，但修建阁楼要花很多钱，当年汉文帝"惜十家之产"而罢建露台，我没有汉文帝的贤德，如果花费比他还要多，这哪是爱护百姓的人该做的事呢？

《礼记·缁衣》曰："上好是物，下必有甚者矣。"汉文帝、唐太宗的高风亮节，真可称为华夏社会的伟大导师。

荀子在《君道》中说得异常简明："君者，民之原也，源清则流清，源浊则流浊。"君主，就像人民的源头，源头清澈，下边的流水也清澈，源头混浊，下边的流水也混浊。掌握国家政权的人，如果不能爱护人民，不能使人民得利，而要求人民亲近爱戴自己，那是不可能的。人民不亲近，不爱戴自己，而要求人民为自己所用，为自己牺牲，那也是不能办到的。

政在养民，圣圣相传，传到战国时期，孟子高举"仁政"、"民本"两面旗帜，详尽规划了百姓男耕女织的生活状态，"使民养生丧死无憾"。

拥有五亩宅基地，房屋四周栽植桑树，以供妇女养蚕纺织做衣；再养上五只鸡，两头老母猪，可以保证老人有肉吃；耕种一百亩土地，男人负责耕作，八口之家足以衣食温饱了。

这是孟子心目中所养之民的"小康之家"。

西汉初年，最高统治者汲取秦王朝"苛政猛于虎"的暴政之痛，以黄老之学为理政之道，推行"无为而治"的治国方略，"轻徭薄赋，与民休息"。

老子在《道德经》中提出，"我无为，而民自化；我好静，而民自正；我无事，而民自富；我无欲，而民自朴"。

"为"的篆书，是个典型的象形字，像一只猴子，引申为政治家，不能像猴子那样胡作非为。还有人说，"为"从手从象，意为拉着大象去耕田，寓意政治不能做违反自然大道的事情。

"无为而治"并非是什么都不做，而是要压缩公权力任性而为的范围，收缩国家权力触角，让万民能够自由耕作或纺织，获得一定的自由生存空间。

国家权力的看似"无为"，则使西汉初年的社会经济逐步恢复，从百年战争废墟上迅速兴盛起来，造就了"文景之治"的繁荣景象。

不扰民，而民自富，倡无为，而国繁荣。黄老思想的可贵之处愈加显现。

西汉文帝时期，刚过而立之年，恃才气盛的贾谊，遵照旨意，总结秦亡的教训，撰写了《新书·大政》，提出了"民无不以为本也，国以为本，君以为本，吏以为本"的重要思想。

《贞观政要·君道》中，李世民认为，"为君之道，必须先存百姓，若损百姓以奉其身，犹割股以啖腹，腹饱而身毙。"为了自己享乐，侵害百姓的利益，犹如割自己的屁股肉充饥，吃饱了也就死去了。

《贞观政要》还记载了李世民教育儿子尊民敬民的故事。

有一次吃饭，唐太宗问太子，你知道饭的道理吗？

太子回答说，不知道。

李世民接着说，农民辛勤劳作，好不容易打下粮食，要合理确定百姓的劳役，不要横征暴敛，才能吃上这样的好饭。

中唐以后，国乱吏腐，人民痛苦不堪。河东士人柳宗元面对江河日下的腐败景象，深感忧虑，于是高高擎起了"吏为民役"的旗帜。

李世民

唐太宗，唐朝杰出的政治家、战略家、军事家、诗人。在位期间，虚心纳谏，厉行节约，劝课农桑，关注民生，百姓休养生息，国泰民安，开创贞观之治。

他在《送宁国范明府诗序》中，提出"为吏者人役也"，把"民"放在主人的地位，把官吏则放到了奴仆的位置。

"吏为人役"思想，一朵最具人民性的思想之花。

这些关于民生的精辟论述，跨越时空、超越国度，具有永恒的人类共同价值。

"天理"与"人欲"

隋唐之后，佛教大规模传入华夏九州。

佛学西来，"崇本息末"，对中国社会造成了重大冲击，引发了政治思想的一次历史性嬗变。

佛教思想提出，在我们这个现实世界之上，还有一个形而上的世界，即"道"。

佛教有一个十分明显的政治倾向，轻民生，重道义。国家利益是形而上，老百姓利益则是形而下。政治家要追求形而上的"道"，形而下要服从形而上，这叫"利益"服从"道义"，百姓服从于国家。

到了宋明时期，以程颢、程颐兄弟二人和朱熹为代表的程朱理学，上承尧舜禹汤文武六主，下启孔孟二圣，自诩为儒学的嫡传，并以政治正确自居。

程朱理学把先秦儒学形而上学化，进而接受佛家的学术思路，儒学宗教化，教条化，把人间伦理变成了天理，"圣贤千言万语，只是教人明天理，灭人欲"。

先秦原儒，被理学裹上厚重的铠甲，行走于华夏历史一千多年。

朱熹认为，"天理"与"人欲"，二者互不相容，"人之一心，天理存则人欲亡，人欲胜则天理灭"。

进而提出，"饮食，天理也；山珍海味，人欲也。"百姓吃饱饿不死是天理，奢望吃得好喝得好，就是"人欲"。甚至说，生儿育女是天理，男欢女爱是人欲。

百姓的吃好饭，穿好衣等生命幸福追求，违背"天道"，应该通过强大的内心力量除掉。

《朱子语类》中提出："革尽人欲，复尽天理"的唯一正道，就是彻底去除人的耳目口腹之欲。

程朱理学之"天理"，最终演绎为 20 世纪 60 年代的"主义"高于"民生"，"宁要社会主义的草，不要资本主义的苗。"

清代著名思想家戴震一针见血，朱熹是在"以理杀人"。

朱熹（图载自网络）

南宋著名理学家，思想家，宋代理学集大成者。继承了北宋程颢、程颐的理学，认为，"天理"与"人欲"，二者互不相容，"人之一心，天理存则人欲亡，人欲胜则天理灭"。

鲁迅《狂人日记》有一段人们耳熟能详的警句名言："我翻开历史一查，这历史没有年代。歪歪斜斜的每页上都写着'仁义道德'几个字，我横竖睡不着，仔细看了半夜，才从字缝里看出来，满本上都写着两个字'吃人'！"

鲁迅猛烈抨击的这个吃人礼教，直指程朱理学。

原儒传承千年的政在养民，被程朱理学解读得面目全非。

活跃于明代中叶的王阳明，陆王心学的集大成者，中国历史上罕见的全能大儒。

面对程朱理学的学说，王阳明针锋相对，公开对抗朱熹，放声狂言，"天理即是人欲"。

王阳明认为，士、农、工、商"其归要在于有益于生人之道"。在《传习录拾遗》中更说："虽经日作买卖，不害其为圣为贤"。商人一样可以成为圣贤，人的生存欲望才是天地最高正道。

可惜，淫逸于"豹房"，玩遍各色女人的明武宗，哪有心思关注中国最后一位大儒的"心学"。对于腐朽的大明，政在养民犹如天方夜谭。

《清史稿·多尔衮传》有一段发人深省的总结："养民之道莫大于省刑罚，薄税敛。"养育人民首先要减少刑罚，轻薄税赋徭役。

岌岌可危的晚清，一代封疆大吏曾国藩，临终留下"数十年人世之得"四条遗嘱："为天下计，则必己饥己溺，一夫不获，引为余辜。"

这位从湖南湘乡，一个偏僻山村走出来的塾师秀才之子，封侯拜相，行将就木之时，谆谆告诫子孙，只要有一个人没有吃饱，就是自己的过失。

养民之本在富民

政在养民，应把富民放在第一位，养民的根本是富民。这要归功于孔子的政治卓识。

《孔子家语》记述，鲁哀公对于理政之道不甚了了，于是向孔子寻求理政智慧。

孔子回答道："政之急者，莫大乎使民富且寿也。"政治最急迫的事情，就是让人民富裕并且长寿。

鲁哀公又问，如何才能做到呢？

孔子继续解释说："省力役，薄赋敛，则民富矣；敦礼教，远罪疾，则民寿矣。"征徭役不要太多，税赋不要太重；要重视礼乐教化，让人民远离疾病和犯罪。

鲁哀公非常不解，照你这么说，国家会穷成什么样啦！

孔子则说，《诗经》上有这样一句话："恺悌君子，民之父母。"平易近人的君主是百姓父母，哪有儿子富裕，父母贫穷的呢？哪有百姓富裕了，国君会贫穷的呢？

寥寥数语，把一个高深莫测的政治要务，说得一清二楚。

汉初时贾谊进而认为，"为人臣者，以富乐民为功，而以贫苦民为罪"。做官的人，能让人民富裕欢乐就是功劳，让人民贫穷困苦就是罪过。

清初著名思想家唐甄，在其《潜书》中，发前人所未发，把"政在养民"思想光大为，"夫治国之道，必先富民"，"虽官有百职，职有百务，要归于养民"。不能富民、养民的官吏，即使是廉洁清明的能吏，也与酷吏贪官并没有区别。

"为治者不以富民为功，而欲幸致太平，是适燕而马首南指者也。尧舜之道无他，耕耨是也，桑蚕是也，鸡豚狗彘是也。"为官者，如果不把带领人民走富裕道路作为自己的职责，天天粉饰太平，那就如同想去北方的燕国，却骑马南行一样。尧舜的贤明之处，并没有什么高超的办法，仅仅就是鼓励人民耕地种粮、种桑养蚕，养鸡饲猪等等。

因此，唐甄提出，要选用重用以富民为务的官吏，使"天下之官皆养民之官，天下之事皆养民之事"。

他甚至大胆直言，只要君臣一心，将养民富民作为国家头等大事，那么"三年必效，五年必治，十年必富，风俗必厚，狱讼必空，灾祲必消，麟凤必至"。

真是入木三分，字字箴言。或许，这是古代对"政在养民"最为深刻的通俗注释。

民主革命伟大先行者孙中山，其"政在养民"的见解更为新颖精辟，提升到一个全新的高度。

他直截了当提出，国家的责任就是"为人民谋幸福"。大同社会就是让人民过上"各得其所"的幸福美满生活。"欲谋人类之幸福，当先谋人类之生存。""民生是社会进化的重心，社会进化又是历史的重心，归结到历史重心的是民生。"

1916年7月15日，他在《沪尚贤堂茶话会上的演说》把民生问题极通俗地表达出来："谋国者，无论美、英、德、法必有四个主旨，一为国民谋吃饭，二为国民谋穿衣，三为国民谋居室，四为国民谋走路。"

1924 年 1 月国民政府发布《国民政府建国大纲》第二十五条，人民大众的衣食住行四项内容列在其中。

孙中山强调："建设之首要在民生。故对于全国人民之衣食住行四大需要，政府当与人民协力。"

1992 年南方谈话中，邓小平斩钉截铁地表示："改革开放迈不开步子，说来说去就是怕资本主义的东西多了，走了资本主义道路。""我们只要把经济搞上去了，老百姓拥护了，讲什么主义都可以！"

进入二十世纪，执政党鲜明提出了"执政为民"理念。"心无百姓莫为官"，为官一任，就要造福一方；手握公权，就要为民办事。"但愿苍生俱饱暖，不辞辛苦出山林。"

百工交易

以孔孟为代表的大师们，还有一个共识，"政在养民"离不开"百工交易"和商业文明。

商品交换是惠民、富民、养民的必要手段，也是一条必由之路。

《周易·系辞下》曾经描述，古中国从渔猎经济到种植经济、交换经济的发展过程："日中为市，致天下之民，聚天下之货，据以而退，各得其所。"

远古三皇之一的炎帝神农氏，在中午开设集市，招引各地的民众，集聚各地的货物。交易之后，各自得到了想要的东西后，分别散去。

远古的交换市场如此发达，与百姓大众的生活息息相关。

《史记·苏秦列传》追述说，"周人之俗，治产业，力工商，逐什二以为务"。周地人有个习俗，置办产业，努力发展手工业和商业，以追求 20% 的利润为目的。

由此看来，西周的市场经济活动已经蔚成风气。

周文王甚至指令，官府要为商业旅行者提供宾至如归的方便与服务："于是告四方游旅旁生，忻通所在，津济道宿，所至如归。"

春秋末年著名富商范蠡，亦官亦商，曾跟随卧薪尝胆的越王勾践灭掉吴国，功成身退，浮海到齐，专门经营商业，数年间成为巨富。

范蠡晚年散尽金财，定居安邑鸣条岗下的陶村，号称陶朱公。

今临猗县王寮村仍然保存有陶朱公的庙宇和塑像，每年都有无数商贾前来作揖膜拜。

现代史学大师钱穆，在《中国文化史导论》中提出，战国七雄时期，诸侯各国商业发达繁盛，国都相继成为繁华的商业都市，如齐国的临淄即今天的山东淄博市，赵国的邯郸即今天的河北邯郸市，魏国的大梁即今天的河南开封市，楚国的郢即今天的湖北宜城市等，当时已是著名的商业集散地。

自春秋晚期至战国时代，有许多孔孟弟子，深深卷入了"百工交易"市场的理论探索和经商活动中。

他们对市场经济的必要性与正当性，有了更为直接清晰的认识，"能不能兼技，人不能兼官"。

猗顿墓（摄影：刘发明）

晋商鼻祖。猗顿原是鲁国的贫寒书生，听到范蠡弃官经商致富的消息，于是"往而问术"。范蠡告诉他："子欲速富，当畜五（母畜）。"猗顿来到晋南一带定居于猗氏王寮，大畜牛羊，经营盐业，十年暴富，成为一代巨富。

士农工商之间，国君与四民之间，进行社会化分工合作是一种必然，正是这种必然，决定了市场经济存在的必要性。

孟子在与农家学派代表人物的辩论中，明确提出了社会分工理论。

在孟子看来，社会成员有所分工，即劳心者与劳力者，有人管理治水、农事，有人从事教育、司法，有人从事农业、手工业，有人从事商业。社会生活就应该这样异彩纷呈。

孟子又提出鼓励"百工交易"。必要的社会分工和交易，是

"天下之通义也"，即通行天下的准则。

孟子的社会分工主张，既是促进经济发展，利于民生的需要，又是维持社会经济生活秩序的需要。

中国思想史上，孟子第一个从生产力发展与产品交换的层面上，全面论证了社会分工的必要性和重要性，思想的光芒远早于18世纪的亚当·斯密（Adam Smith）。

孟子的惠民富民经济思想，是他的王道仁政学说的具体体现。

这个时候的市场经济，仅仅作为一种产业形态而存在，还不可能形成一个完整的社会经济形态。

岁月蹉跎，似水流年，切不断的是华夏祖先的文化根脉。

歌德有著名诗剧《浮士德》，剧中那位魔鬼说了一句至理名言，"一切理论都是灰色的。"

可是，"政在养民"思想，却如秋花之壮美，色彩斑斓，若"生命之树常青"。

因为，它既是一个经典的治国之道，更是一项务实的富国实践。

在河东运城这块土地上，开创的中华优秀政治文化传统，一直发展到文武周孔，倡导的都是"天下为公"，是"政在养民"。可以说，源自尧舜禹的公天下、利民生思想，就是当代中国特色社会主义思想的历史基因。

当今执政党已经自觉反思，总结中华人民共和国成立以来社会主义建设的经验教训，果断抛弃以阶级斗争为纲，回到以经济建设为中心的发展道路上，大力倡导继承和发扬中华优秀传统政治文化，实际上是把尧舜禹"天下为公"、"政在养民"的政治理念，视同执政党的初心。

社会大众期盼有更好的教育、更稳定的工作、更满意的收入、更高水平的医疗卫生服务、更舒适的居住条件、更优美的环境，期盼着孩子们能成长得更好、工作得更好、生活得更好。

人民对美好生活的向往就是执政党的奋斗目标。

谁紧紧攥住了这把金钥匙，谁就快速打开了民富国强的大门。

当代中国，正是因为改革开放的正确决策，解除了捆绑在百姓身上的绳索。社会主义市场经济的逐步建立完善，开天辟地，前无古人，十四亿中国人民快步走向了"富起来"的康庄大道。

中国市场经济的高速动车，正以人类前所未有的极限速度，奔向国家富强，人民富裕，生活幸福的美好世界。

第四章
天下家国

　　孟子曰:"人有恒言,皆曰'天下国家'。天下之本在国,国之本在家,家之本在身。"华夏文化谱系里,"家国一体"、"家国同构",国亦家,家亦国,国是家族的扩大和延伸,由此形成了华夏公民社会情有独钟的"家国情怀"。家国情怀把个人利益与社会利益、国家利益融为一体,个人的浩瀚抱负、人生理想及未来命运与群体寄托、民族期望、国家富强有机结合起来,内心生成一种强烈的国家认同感、责任感和使命感。

　　尧舜身后，时光飞逝一千九百年，孔子仙逝一百多年后，儒学嫡传孟子，横空出世，发扬光大先师的儒学精髓，在《孟子·离娄上》这篇传世名作中，经典表述了"天下国家"的微言大义：

　　"人有恒言，皆曰'天下国家'。天下之本在国，国之本在家，家之本在身。"

　　孟子这句话的本意是，人们常说，天下的根本在国家，国家的根本在家庭，而家庭的根本在加强自身的道德修养。

　　这个"国、家、身"的内在逻辑，蕴含着一个重要的伦理前提：在国、家、个人利益链条上，个体自身价

孟子

　　孟子"言必称尧舜"。在《孟子·离娄上》中提出："人有恒言，皆曰'天下国家'。天下之本在国，国之本在家，家之本在身。"

值应处于首要地位。

家国关系，所要表达的是一种特定关系，即古代中国的经济社会结构。每一个单数的个人，必须通过家庭、家族这个中介社群组织，才能参与天下国家的社会经济生活。由此形成了个人与家庭，个人与国家的紧密关系。

家庭社群

无论是国还是家，都是一个组织存在。先秦最后一位大儒荀子，在《王制》中说道，人"力不若牛，走不若马，而牛马为用，何也？曰：人能群，彼不能群也。""人之生，不能无群，群而无分则争，争则乱，乱则穷矣。"

人，作为一个单数的个人，无法在这个世界上活下去。人生而不能无群，不能离群索居，单一个体根本无法抵御险恶自然环境的威胁。个人需要一个复数的社群，依靠社群提供的利益保护，获取互助共存的生活空间。

血缘家庭，就是个人最先参与的最小社群。

仰韶文化后期，黄河流域的母系氏族社会无疾而终。

以父系家族为纽带组成的氏族血缘集团，闪亮登上历史舞台。一场人类经济社会结构的深刻变革，疾风骤雨般而至。

《吕氏春秋·去私》记载："尧有子十人。"尧帝一后三妃，帝后散宜氏生了两个儿子。长子早亡，次子因远封于丹水，称为丹朱。帝妃所生庶子共有九个。尧还有两个女儿，一个叫娥皇，另一个叫女英。

司马迁记述说，虞舜娶了尧的女儿娥皇、女英为妃。传说娥皇一生没有生育，女英一共生了八个儿子和两个女儿。

恩格斯在他那部著名的《家庭、私有制和国家的起源》一书中，详细论述了家庭的基本特征。

血缘家庭是人类社会文明时代起始的重要标志，具有划时代的伟大意义和人文价值。

正如《周礼·小司徒注疏》说："有夫有妇，然后为家。"

《孟子·滕文公》认为："丈夫生而愿为之有室，女子生而愿为之有家"。

《左传·桓公十八年》更说："女有家，男有室，无相渎也，谓之有礼。易此，必败。"

女人有夫家，男人有妻室，互相不可轻慢，这叫有礼。反之必然引发祸乱。

《淮南子·修务训》对"家室"专门有段记载："舜作室，筑墙茨屋，辟地树谷，令民皆知去岩穴，各有家室。"

荀子

《荀子·王制》：人"力不若牛，走不若马，而牛马为用，何也？曰：人能群，彼不能群也。"

舜带领民众全都离开洞穴，找一块平摊的土地，修筑居室，组成各自的家室。

成于西周初年的《诗经》，有一首《周南·桃夭》的优美民歌，以桃叶的枝繁叶茂比兴家庭："桃之夭夭，灼灼其华；之子于归，宜其室家"。

女子出嫁后，应该夫妻恩爱，家庭和睦，更要与丈夫的父母兄弟姊妹，整个大家族和合相处。

《汉书·食货志》记载了战国时期著名政治家李悝，对家庭的一句典型描述："一夫挟五口，治田百亩。"

以夫妻子女五口人组成核心家庭，拥有一百亩土地。

显而易见，家庭具有鲜明的自然经济属性和社会结构属性。

成年男女组成两性家庭，聚群成体，生儿育女，既是人的本性，也是人类社会生存延续的充分必要条件。血缘关系是个体所能依靠的基础群体形态，是人类最自然最重要的群体纽带。

家庭首先是一个经济社群。

恩格斯说过，个人"生活资料即食物、衣服、住房以及为此所必需的工具的生产"，都由家庭负责组织生产。

五口之家的核心家庭，既是生活单位，更是生产单位。家庭成员通过生产分工，男耕女织，"日出而作，日入而息，凿井而饮，耕田而食"，形成了一个紧密的不可分割的经济共同体。

家长是生产劳动的组织者和领导者。

家庭作为古代人类生产活动的最小单位，构成了国家农耕经济的基本细胞。千千万万个小型家庭经济体，集合而成一个庞大的国家经济体。

国家经济的繁荣，开元盛世的产生，极大地依赖于农户数量的增加，即基本生产单位的扩大增长。家盛而国强，家衰而国羸。

家庭经济之重，直接决定着国家的安危、社会的稳定。

家庭，还是一个社会结构共同体。

孟子曾经说，家庭的价值在于"百亩之田，勿夺其时，数口之家，可以无饥矣"。依托家庭这个群体，可以防止忍饥挨饿。

家庭，不仅要满足家庭成员衣食住行的利益需要，而且要为全体成员提供生育、教育、医疗、养老、救助等全方位的生活生存保障，保证每个家庭成员个人利益的最大化。

家族社群

人类的繁衍生息，生儿育女的代际延续，很自然地发展出具有血缘关系的家族。

从家庭到家族，个体进入了一个更为壮大的社群。

同姓家族成员拥有一个共同的祖先，结成血缘关系紧密的血亲群体集团。家族的形成，在中国古代社会具有重大的经济社会意义和伦理价值。

何其芳在《论家族主义》一文中指出："家族主义已经无形地解决了西洋成为社会问题的问题，就是疯癫、残废、失业的人可以由家族养老终身，而且父子夫妇之间可以共财，兄弟之间可以通财。"家族主义，乃古代中国核心价值之一。

从宋代开始，一些大姓家族开始设置一定数量的族田或义田。著名文臣范仲淹，于皇祐元年首创"义庄"，在苏州长洲、吴县置田十余顷,将每年所得租米,无偿送给各房族人吃饭穿衣、婚嫁丧葬所用。

在这之后,义田、祭田等家族田产逐渐发展起来,明清两代更出现了大规模置田现象。延至近代民国时期,族田一般占到土地总面积的百分之二左右。

吴江族氏"赡族规条"规定:"贫老无依年在六十以上者、寡居家贫坚守苦节者、身有废疾无人养恤者、少孤之人家贫不能存活者,都是宗族贫困救助的对象。"

有的宗族还规定:"嫁女无力者""娶妇不赀者""病故无力成殓者"及"棺木停厝无力办葬者"等,都要给予救助。

万荣李家大院

规模宏大的万荣李家大院,数百年间业已成为李氏家族经济社会结构的一面旗帜。明朝永乐年间,李家先祖逃荒来到运城万荣,由农入商,商贾兴隆,成为当地巨富,演绎了一个白手起家,善行天下的晋商故事。

家族依托族田特有的经济基础，为本族中的个体提供特定利益保障，有效补充了家庭功能的某些缺位，承担了部分弱势群体的衣食住行、生老病死及教育方面的社会保障功能。

规模宏大的万荣李家大院，数百年间业已成为李氏家族经济社会结构的一面旗帜。

明朝永乐年间，李家先祖逃荒来到运城万荣。其后李氏族人辛勤劳作，耕读传家，由农入商，商贾兴隆，成为当地巨富，演绎了一个白手起家，善行天下的晋商故事。

1927 年，山西大旱，室内鼠绝，死人无算，晋南遭灾最为严重。李氏家族及时倾囊相助，先后赈济河东十七县灾区每县一万银元，本县救济四千银元，本村特别救济两千银元。

李氏家族还在薛店村家庙、闫景村祖祠庙、运城神池庙三处，开设粥场舍饭，村民全部造册登记，鸣钟开饭，村民自带碗筷，一日三餐，不给限量，吃饱为止。这次严重旱灾，闫景村、薛店村没有一人饿死，也没有一户因此变卖家产。

国家没有完成的赈济救灾，李氏家族做到了极致。

家庭、家族的生产生活活动，奠定了国家经济社会结构的基础。

从"家群"到"族群"，最后到"国群"，华夏民族完成了人类群体构建的历史性跨越。

封土建国

公元前 2097 年，大禹在位四十五年后逝世。禹的儿子启，废除尧舜开创的"君天下，生无私，死不厚其子"的禅让制度，兴兵举武登上了帝位。

夏朝帝位的父子相袭，彻底改变了社会公权力的传承方式。"公天下"变为了"家天下"，"天下为公"蜕变为"公权私授"。尧舜开创的"巍巍乎""荡荡乎"的国天下，被夏启惊天一脚踢进了历史深处，帝位禅让成了千古绝唱。

"家国"概念出现于西周时期的"封土建国"。

西周灭商后，建立了"封诸侯、建藩卫"的分封制度。

《荀子·儒效篇》说：周公"兼制全国，立七十一国，姬姓茕居五十三人。"

整个西周，王公贵族就是一个大家族。

《左传·昭公二十八年》记载得清清楚楚："昔武王克商，光有天下，其兄弟之国者十有五人，姬姓之国者四十人，皆举亲也。"

周武王把天下分为七十一个区块，其中五十三个区块，分封给了姬姓王族，十八个区块，分封给了军功大臣或前朝遗族。

"万个诸侯国"和"万个家族"集团，构建起了一个树根状的"拟家族性"家国天下。

闻一多说，"封建制度下所谓国，既只是一群家的组合体，其重心在家而不在国"。

这个时候的国家概念，其实还是一个族群观念，是一个放大了的家族，还未形成现代意义上的民族国家即"nationstate"。

荀子在《君道·第十二》中精辟论述了君主与"群"的关系："君者何也？曰：能群也。能群也者何也？曰：善生养人者也，善班治人者也，善显设人者也"。

在荀子看来，"君主"能把个人组织成社会群体，善于养活抚育人，善于治理人，善于任用安置人。能把个人组织成社会群体的君主，人们才会亲近他，安心顺从他，喜欢他。反之，人们就会背离他，君主就成了孤家寡人的独夫。

个人、家庭、家族和国家，构成一个完整的经济社会结构。

乡绅自治

西班牙思想家奥特加·伊·加塞特在《大众的反叛》一书中提出："社会是自发形成的"，"从长远来看，维持、滋养并推动着人类命运的正是这种自发性"。

个体从私人生活进入到社会生活，从个人到社会小群，即家庭—家族—中介组织，再到国家大群，需要一个过渡性中介组织，以担当个人利益的保障者和守护者。

这个中介组织就是古代社会的乡绅自治体系。

隋唐之后有"皇权不下县"之说。

秦汉建立的郡县制逐步废止，朝廷派遣的官员仅到县级为止。温铁军教授曾经提出，古代中国"国权不下县，县下惟宗族，宗族皆自治，自治靠伦理，伦理造乡绅"。

国家权力难以触及最基层的乡村治理，就为家族族长以及士绅等精英群体，代行朝廷管理民众，以恢复乡村公共治理和公共生活，预留了权利空间。

士绅是中国社会特有的阶层。他们近似于官而异于官，近似于民又在民之上，起到了国家统治者与下层民众之间的桥梁作用。

社会学家费正清，在《乡土中国》里写道："在过去的一千年里，绅士越来越多地主宰中国人的生活。"中国社会是自上而下官治和自下而上的绅治的结合。传统的农耕社会形态，是一种"官、绅、民"三者的架构，乡绅阶层集教化、治安、司法、田赋、税收、礼仪诸功能于一身，成为地方权力的实际代表，具有文化上的中心性和权威性。

20世纪三四十年代，日本帝国主义的大规模入侵，全民族的救亡图存，全社会的全面抗战，乡绅制度几近中断。

中华人民共和国成立后，乡绅制度更是废止殆尽。

改革开放新的历史条件下，新乡贤文化建设，对于完善农村治理，极具社会意义和现实价值。

尽管家族制度今天已经不复存在，但几千年来家国一体的社会情结，使中国人生而具有家国情怀，爱家、爱乡、爱国的情感在中国人身上表现得极为明显。

各级政府可以合理引导这种情怀，以解决农村治理和经济发展方面的问题，在广大农村开展新乡贤文化建设活动，在各乡村设立乡贤理事会，将从各乡村出去，或仍居住在本乡村，并愿意为乡村建设贡献力量的人组织起来，共同参与乡村建设。

历史上的乡绅制度，主要是乡绅告老还乡后在家乡起作用。当今的新乡贤建设，不仅要强调政府机构的领导和组织作用，而且在乡贤的构成上，将凡是出自乡村的有能之人，无论其是否返乡，都视为乡贤的一部分。

运城博物馆

运城博物馆占地 38 亩，建筑面积 23570 平方米，其中展览区面积 15000 平方米，文物库房面积 5000 平方米；馆藏文物 17691 件，其中珍贵文物 572 件。

只要是心系家乡的人，都可以在全国乃至世界各地，为家乡建设尽一己之力。只要政府组织引导得力，措施平台设立合理恰当，那些遍布全国乃至全世界的乡贤们，无论从事哪种行业，都可以将自己的经验、财富、信息等贡献给家乡，为提高农村自治水平、完善农民社会保障，增强农业科技含量，打开农产品销售渠道等，增砖添瓦。

家国一体

"家国一体"最早由清末梁启超提出。他在《中国史界革命案》中说："二十四史非史也，二十四姓之家谱而已。"即所谓"家国同构",国家基于亲缘关系而成立,一切社会关系皆由血亲关系导生。

著名史学家侯外庐认为,中国的国家是家国同体。从家族到国家,国家混合在家族里面,就是所谓的社稷。

国家作为一个比家庭、家族更大的"群",能够更有效地把所有个体组织起来,为个人提供一个更强大更宽广的利益保护平台,在更高层面上保障个人理想愿望的实现。

华夏文化谱系里,国亦家,家亦国,国是家族的扩大和延伸。

家是小国,国是大家。家是国的厚土,国是家的根基。

古代最后一位大儒王阳明干脆说:"视国犹家。"

父为"家君",君为"国父",君父同伦,家国同构。

家国一体,家国同构,华夏民族这一古老的社会文化概念,起始儒学及先秦法家,延至宋明理学及普天百姓,各家皆予认同。各家学派分歧的焦点在于,在认知家国关系上,个人、家庭、国家三者之间,谁是基础性的,第一位的。正是这种本质上的认知对立,引发了现实生活的路径冲突。

华夏传统文化中,家国理念,呱呱落地之始,儒法两家,各自筑建了两条截然不同的行进路径。二者反向而行,各行其道,势如冰火。

在先秦原儒看来,"视国如家"本质上是对政治家的道德伦理要求。

孔子在《论语·泰伯》里说:"危邦不入,乱邦不居,天下有道则现,无道则隐。"

天下有道,应该为天下服务,有所表现;天下无道,政治大乱，不能表现时，就退出隐居。

孔子在《论语·公冶长》中甚至提出，"道不行，乘桴浮于海"。
个人理想如果不能得到满足，就乘坐竹筏到东海去游荡。

孔子 55 岁愤然离开生活了大半生的故国家园，带着一批学生告别鲁国，先后周游了九个诸侯国。直到 68 岁时，被弟子冉求迎回鲁国，践行了自己"穷则独善其身，达则兼善天下"的夙愿。

先秦儒学认为，在个人利益与国家利益之间维持平衡，这是经济社会结构平衡的基础。

从历史深处一路走来的儒学家国观，以家族为本位，以宗法意识为基础，实质上是一种家族主义的思想阐发，明显区别于十八世纪欧洲开始兴起的"个人主义"思潮。

"君君臣臣，父父子子"。为君者，首先要做得像个君样，为父者，首先要做得像个父样。如果不能做到，臣就可以不做臣，子也可以不做子。

《孔子家语·六本》讲述了一个曾参的故事。

曾参的父亲曾点叫他去瓜地锄草，曾参不小心将一棵瓜苗锄掉。父亲认为儿子用心不专，把曾参毒打一顿，打得不省人事。曾参醒来后，还装作很高兴的样子。孔子听说后，非常气愤，甚至不认他这个弟子。孔子的意思是："小杖则受，大杖则走，今参委身待暴怒，以陷父不义，安得孝乎！"

孟子比孔子更进了一大步。《孟子·梁惠王下》记述说，有一天，齐宣王与孟子交谈甚欢，问道："臣子可以杀害他的国君吗？"

孟子回答说："伤害仁的叫贼，败坏义的叫残。残害仁和义的人叫做独夫。我听说周武王诛灭了独夫纣，没有听说他们以臣杀君。"

在孟子看来，具体情况要具体分析，国君如果背离了民众的意志，他就不配做国君，而成为独夫，就应该受到惩罚。

《孟子·离娄下》中，孟子与齐宣王一次推心置腹的对话，更为直白："君之视臣如手足，则臣视君如腹心；君之视臣如犬马，则臣视君如国人；君之视臣如土芥，则臣视君如寇雠。"

在这里，孟子的观点十分明确，臣子的独立人格和个人利益不容侵犯。君王若视臣子为草芥，臣子则把君王当仇敌。

先秦儒学在表达热切社会关注的同时，更表达着强烈的个人利益关注，形成了具有鲜明色彩的民本主义文化传统。

人与国的关系，实质是个人与群体的关系。从利益的产生顺序看，亦是先有个人利益而后有国家利益。

国家仅仅是一个工具，一个为公众利益服务的工具。

个体利益才是真正的价值所在，才是经济社会发展的价值目标。

然而，儒学这一家国思想精华，秦汉之后遭到了严重扭曲，伴随着法家学说逐渐成为治国理政的主流意识，先秦儒学的历史传承彻底被中断。

法家的重要代表人物商鞅，家国主张集中体现在《商君书》中。

商鞅曾经三见秦孝公，提出了"帝道、王道、霸道"三种君主之策。"能制天下者，必先制其民也。能胜强敌者，必先胜其民者也。"

帝王要想占有天下，必须首先制服自己的臣民。"民，辱则贵爵，弱则尊官，贫则重赏。"

商鞅的所谓霸道，就是虎狼之道。中心思想即"一民论"。国家只要一种民，即耕战之民，民众就是一台农耕机器和战争机器。国民只做一件事即农战，平时为国家生产粮食，战时为国家充当炮灰。不做这种人，就要蹲监狱，就要杀掉。

个人生而是为国家服务的，因而必须牺牲个人和民众的利益，确保君王国家的利益。

国家利益与个人利益，完全对立起来，水火不容。如商鞅所说，"民弱国强，民强国弱"。而孔子的观点则正好相反，引用《诗经》说："恺悌君子，民之父母。"哪有儿子富裕了，父母贫穷的？哪有百姓富裕了，国君会贫穷？

法家牺牲民众利益的富国强兵之道，民众的社会价值已经被泯灭。

如此让人不寒而栗赤裸裸的君主主义，竟被后世统治者封为圭臬。

秦汉之后，打着儒学旗号，"罢黜百家，独尊儒术"，其意识形态完全背离了儒学本源，"外儒内法"，"阳儒阴法"，大行其道的其实是法家的家国学说。

到了宋代，个人与国家的利益关系更是走向极端。

"君让臣死，臣不得不死；父让子亡，子不得不亡"，一句俚语竟成为最通俗的解读。

作为社会最高价值目标的个体利益，变成了实现国家利益的工具。国家至上，舍家为国，个人利益完全被漠视，一个扭曲了的家国利益观，贻害华夏数千年。

儒学优秀传统，闪耀天地的民本主义光华，被灰暗的君主主义所湮灭。

这种畸形的家国认知关系，秦汉之后持守千年，明清两朝更是登峰造极：家里的事再大也是小事，国家的事再小也是大事。

1931 年 11 月 22 日，爱因斯坦在《纽约时报》发文写道："我认为国家的最高使命是保护个人，并且使他们有可能发展成为有创造才能的人。""国家应当是我们的仆从，而我们不应当是国家的奴隶"。1933 年 1 月 30 日，纳粹头目希特勒上台。40 天后，爱因斯坦即在美国帕萨迪纳发表《不回德国的声明》："只要我还能有所选择，我就只想生活在这样的国家里，这个国家中所实行的是：公民自由，宽容，以及在法律面前公民一律平等。这些条件目前在德国都不存在。"并毅然决定于次年 10 月 1 日加入美国籍，终生再也没有踏上德国的土地。

爱因斯坦发表《不回德国的声明》72 年后的 2005 年，为纪念爱因斯坦逝世 50 周年，曾被爱因斯坦抛弃的德国，决定将 2005 年命名为"爱因斯坦年"，并将爱因斯坦的政治信念镌刻在政府大楼上：

"国家是为人而设立的，而人不是为国家而生存。"

家国情怀

先秦儒学的家国文化传统，家国社会伦理价值体系，并没有因为法家"霸道"学说的颠覆而湮灭，更没有在滔滔历史长河中

齐家治国传承致远（人民网记者陈苑摄）

　　2017 年 4 月 22 日，"齐家治国传承致远——从裴氏家族看家风家训的当代社会价值"座谈会在北京隆重举行。

干涸断流。

　　华夏士人群体，致力于坚守儒学家国传统，心底那份不变的信念，犹如一朵夜色中怒放盛开的花朵，娇艳靓丽，余香千载。

　　晋南这块诗书滋润的厚土沃野，儒学家国传统如一股涓涓细流，源远流长，千年未涸。

　　隋文帝统一中原后，巡视四方，先后到了关中、洛阳，然后掉头向东，来到晋南运城。在与乡绅名士交谈时，他深有感慨地说，中原历经战乱，到处凋敝破败，民众粗俗无文，唯独运城乡民谈吐文雅，儒学文化传统仍然光彩熠熠。

　　河东运城，显臣望族众多，地位显赫。名臣累世的三晋望族裴氏、王氏、薛氏、柳氏更是门庭显赫。

历史文化名人群星灿烂，荀况、廉颇、柳宗元、王维、王勃、关汉卿等一批政治家、思想家、文学艺术家，用他们的诗书文章，不断把优秀儒学传统代代相传，延续古今。

尊师重教，蔚然成风，书院林立，学者云集。

近代士人群体，着眼于人文精神的丰富积淀，浴火重生，奋力重建原儒家国利益价值观，把家国一体观升华为"家国情怀"的文化自觉，由此形成了华夏民族公民社会情有独钟的"家国情怀"。

家国情怀把个人利益与社会利益、国家利益融为一体，有机结合，清晰表达了中华民族千百年来孜孜以求的家国理想境界。

家、乡、国、天下浑然一体，全都装在个体心中。

家国情怀的核心是家国命运一体，家国同构，最终实现个人利益与国家利益的合二为一。

个人的浩瀚抱负、人生理想及未来命运与群体寄托、民族期望、国家富强有机结合起来，内心生成一种强烈的国家认同感、责任感和使命感。

家是生命的原点，个人生命开始的地方，国是实现人生价值的广阔平台。

漫漫历史发展中，涌现出了无数忠孝仁勇义士。"吾将上下

柳宗元

唐代河东郡今运城永济人，著名文学家、哲学家、散文家和思想家，与韩愈共同倡导唐代古文运动，并称为"韩柳"，"唐宋八大家"之一。广西柳州建有"柳宗元纪念馆"。

而求索"的屈原，"精忠报国"的岳飞，"先天下之忧而忧，后天下之乐而乐"的范仲淹，"天下兴亡，匹夫有责"的顾炎武，无一不是家国情怀的最美践行者。

晚于孔子二百年的楚国贵胄屈原，当是中华民族家国情怀至情表达第一人。生于楚国皇族世家，怀才立志报国，但却躬身昏君，横遭小人谗害，被迫远离庙堂，放逐江南，在祖国的土地上漂泊流浪。国破家亡之时，苦闷绝望之际，纵身汨罗，唯留下一首千古绝唱《离骚》，成就了"伟大爱国诗人"第一人的盛誉。

在运城的土地上，关公更是一位家国情怀的突出代表。

关公是一种文化，更是一种精神。

关公近六十年的戎马生涯，策马横刀，驰骋疆场，征战群雄，辅佐刘备完成鼎立三分大业，谱写了一曲令人感慨万端的人生壮歌，被后人誉为集"忠""信""义""勇"于一身的道德楷模，成为中国社会上至帝王将相，下至士农工商无不顶礼膜拜的神圣偶像。

关公能够受到社会各个阶层的敬仰，在他身上集中展现了"儒学之义"。桃园结义，义薄云天；秉灯夜读春秋，忠心耿耿于汉室正统刘备，所体现的都是一种兄弟之义、家庭之义、家族之义、宗族之义。

家国情怀是每个人心灵深处浓烈醇厚的一种情感表达，一种甘愿与国家民族休戚与共的壮烈情怀。

著名政治家、史学家司马光，为"鉴前世之兴衰，考当今之得失"，穷其毕生精力，主持编撰了《资治通鉴》。

成书不到两年，便积劳而逝，被后人誉为"大忠大义，充塞天地，横绝古今"。

名门望族追求的不仅是簪缨世家，更是忠孝世家，忠孝、政事、风节、文章，共誉天下。

翻阅浩若烟海的文献史籍，上万卷的裴氏著述里，字里行间满满的都是"家国"二字。

《裴氏族范》规定："事君必忠敬，居官必廉慎。"裴氏子孙必须忠君报国、清廉做官。

《裴氏家戒》更为鲜明："须知身家国民族为其一体，而不可

关公祖祠（摄影：刘发明）

位于山西省运城市西南20余公里的常平乡常平村，南依中条山，北临古盐池。三国蜀将关羽，运城解州常平人，人们仰慕其德，在故居建祠奉祀。始创建于隋，金代成庙宇。后经历代追封，庙堂随之重修或扩建。

或分者，亦即人之大本。"

裴氏家族一脉相承，将个人、家庭、社会和国家连成一个密不可分的整体，奠定了族人修身、齐家、治国、平天下的道德理想和行为准则，树立起楷模天下的人格典范。

正因为裴氏家国文化的丰富坚实，成就了裴氏宗族的千年荣盛不衰。

回望华夏家国历史，常让我们感慨唱叹，心底生出些许遗憾。

汉魏以后直接走向"以孝治国"，"家孝"演绎为"国忠"。"出为忠臣，入为孝子"的箴言，俨然成为身为人臣的最高道德规范。

汉武帝朝开始把"举孝察廉"作为学人入仕的正途。身为人臣，必须完成从家庭到国家，从孝子到忠臣的空间跨越。

家国情怀被无限放大扩展，缺陷也就愈益凸显。个人利益愈加受到损害，国家利益更加神圣至上。

仰望家园

百姓大众的家国，就是自己的家园和故乡。故乡是放大了的故国"country"，家是永远魂牵梦萦的故国家园，是四海漂泊的游子一生不能忘却的牵挂。

大众群体心中的那份家国情怀，其实就是对家的浓浓依恋，对故国家园的深厚情感，最终上升为对华夏民族的敬仰自豪，对国家伟大复兴的使命担当。

"家是温暖幸福的源泉，国是遮风避雨的港湾。"这种潜意识已经渗透到我们民族的骨髓里，融化于血液中。

春节是中国人的团圆节，家是团圆的圆心，父母是团圆的轴心。

在外漂泊的儿女，无论路途多么遥远，工作多么忙碌，车票机票多么难抢，春节一定要回家，万水千山挡不住在外儿女的似箭归心。

年迈的老父老母，早早准备好一大桌子家乡的美味佳肴，只为归来的孩子品尝一口家的味道。

夏历正月初一，一个普普通通的日子，从来就是普天下中华儿女的深情仰望。

春节犹如一面鲜艳的家国情怀旗帜，每年一次，个体、家庭、国家、天下全被召唤到这面旗帜下，亲人相聚一起，相爱一场，相亲一会，以铭记自己生命的起点。

家国情怀体现在家庭中，就是对父母长辈的尽孝。

黄河岸边坐落着一个后土娘娘庙，每年的正月初十是娘娘庙会。

晋陕两岸人民都相信后土娘娘可以送子赐福保平安，理所当然地成为百姓的祈福之地。

2018年正月初十，临猗县潘西村五十六岁的刘建华为了满足母亲的祈福心愿，决定背着九十岁的老母亲爬山赶庙会。

后土娘娘庙建在一个不大的小山丘上，从小山丘通往后土娘娘庙，共有一百一十八个台阶，对于一个九十岁高龄的老人，确实非常困难。

于是，刘建华弯腰驼背着老母亲，一步一个台阶，一直背进了山门，亲眼看着老母亲敬上一炷高香。

家国情怀内发于神圣而崇高的人文信仰和人文精神。

这样一种圣洁情怀，与其说是人们心灵的感触，不如说是生命的自觉和文化基因的传承。

这是一股永不衰竭的精神涓流，一种与国家民族休戚与共的眷恋深情。

"家国"驻留在每个中国人的心中，外发为"沛乎塞苍冥"的浩然正气。

第二次世界大战结束后，德国首任总理阿登纳做的头一件事，就是宣布"个人利益高于国家利益"。德国宪法规定：政府无论出于多么伟大的动机，都不能侵害个人利益。

邓小平可视为先秦儒学家国利益观的实际传人。1980 年 8 月

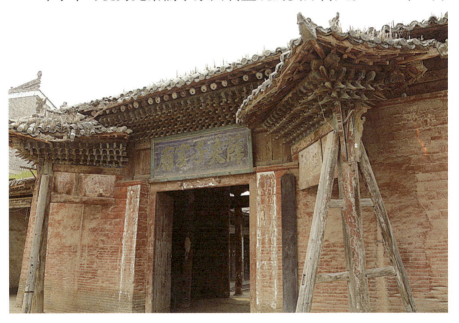

薛瑄家庙

位于万荣县里望乡平原村，中国明代著名理学家、教育家和文学家薛瑄的故里。薛瑄家庙始建于明万历二十八年（公元 1600 年），现存建筑有牌楼、正殿及东西廊房等。

21日，他在会见意大利记者奥琳埃娜·法拉奇（Oriana Fallaci）时指出，社会主义"必须实行按劳分配，必须把国家、集体和个人利益结合起来"。共产主义"将更多地承认个人利益、满足个人需要"。

儒学思想的光辉，又一次绽放出万丈光华。

中华文明价值体系中，家国价值观已经植根于民族的血脉中，世代相传，永续不止。

家国价值观的博大包容，将个人、家庭、社会、国家四个维度的利益诉求完美融为一体。个人不再作为工具而存在，而是成为社会追求的价值目标。

个体利益追求、家庭梦想的实现与国家富强、民族复兴紧紧相连，共为一体，最终达成十四亿中国人民利益目标的实现，千万个家庭的幸福美满，人民大众的获得感、幸福感、安全感不断增强。

永远珍藏那份弥足珍贵的家国仰望，时刻不忘自己的责任和担当，砥砺前行，不忘初心，以家国情怀托举中华民族的伟大复兴，用一腔热血谱写我们响遏行云的绝美乐章！

第五章 / 天下归宗

　　同宗同族，血脉相连，是一条千古同源的血缘纽带。华夏子孙对同宗同族的认同，既是民族文化的认同，更是一脉相承的族源认同，本质上是对民族繁荣兴衰跌宕命运的认同，更是对实现中华民族伟大复兴"中国梦"的认同。认族归宗，维系的不仅是一个姓氏大家族，更凝聚着一个伟大的中华民族。个体对宗族的认同，是族群凝聚力的起点，族群凝聚力则是中华民族凝聚力、向心力的根基。

　　博大精深的中华文明，吐故纳新的中华民族，变化万千的中国姓氏，之所以在与时俱进中维系着全民族的融合与一统，根源于"天下归宗"的价值认同和文化基因。

　　司马迁的《史记·五帝本纪》记载，历时三年的"阪泉之战"，确立了黄帝华夏道统始祖的崇高历史地位。

　　伟大的历史学家左丘明、司马迁一致认为，"五帝同根，三代同源"，他们都是中华民族的共同祖先。

　　十几亿炎黄子孙，奔腾流淌的血脉里，亘古不变的是华夏始祖最原始的基因。

舜帝分姓

　　华夏宗族姓氏的起源，可以追溯到原始社会母系氏族时期。

　　今天的大部分姓氏，多由"上古八姓"演化而来，姬、姜、姒、嬴、妘、妫、姞、姚等，这些古姓几乎都有一个女字旁。

《国语·晋语四》记载：黄帝有二十五个孩子，其中赐给姓氏的有十四个，共十二个姓，分别是：姬、酉、祁、己、滕、葳、任、荀、僖、姞、儇、衣。

黄帝的第七代后裔虞舜，姓姚，妫氏，名重华。"舜帝分姓"在宗氏发展史上，具有十分突出的历史地位。

舜帝有八个儿子，两个女儿。舜帝把自己的儿女分封到不同的地方，并赐以姓氏。经过开枝散叶，世代繁衍，各个支脉人丁

舜帝（摄影：刘发明）

"舜帝分姓"在宗氏发展史上，具有十分突出的历史地位。舜帝有八个儿子，两个女儿。舜帝把他们分封到不同的地方，并赐以姓氏。当今舜裔姓氏已达一百三十五个，总人数超过五亿，现已遍布世界各地。

兴旺，千世绵延。

有的儿子以氏族标号为姓，如虞姓，有的以国名为姓，如田姓，有的以邑名为姓，有的以居住地为姓。

当今舜裔姓氏已达一百三十五个，虞、姚、妫、王、陈、吴、孙、袁、田、孔等姓氏，都是舜帝的直系后裔，总人数超过五亿，现已遍布世界各地。

重要典籍《礼记·大传》，极为简洁表述了"宗族"的含义："同姓从宗，合族属；异姓主名，治际会。"

同一氏族里的男子，依照血系的亲疏分支，合成一个族属，大家拥有一个共同的祖先，组合而成一个昭穆分明的宗族。

异姓嫁过来的女子，只是分别明确她们的辈分，不再区分她们的宗支派系。

夏商时期，"姓"一般是指"族姓"，即族号或族名，用来表示血缘关系的一个亲族的称号。

2014 年 6 月，纽约佳士得拍卖行发表声明称，经与"皿方罍"当前所有者与买方湖南省博物馆积极沟通，漂泊海外近一个世纪的商代青铜器"皿方罍"，以两千万美元的价格达成了"身首合一、完罍归湘"协议。

全称"皿天全方罍"的青铜重器，属商代晚期铸造的酒器，因器口铭文"皿天全作父己尊彝"而得名，并因形体高大、富丽堂皇被称为"方罍之王"。

器盖上的八个铭文显示，器主家族姓皿，属于商周时期很有影响的一个大族。

1977 年陕西陇县韦家庄一座西周贵族墓中，发现了一件皿

皿方罍

皿天全方罍，商代晚期酒器，因器口铭文为"皿天全作父己尊彝"而得名，被称为"方罍之王"。于1922年发现，器盖于1956年由湖南省博物馆保存至今，器身流至国外。2014年3月经多方沟通协议，皿天全方罍回归湖南长沙博物馆。

氏族人青铜簋，年代与皿方罍相同。

皿方罍的出土发现说明，商周时期，亲族姓氏已经广泛使用。

夏、商、周三代的祖先，都被认为是黄帝的宗氏后裔。

周武王姬发建立周朝，分封诸侯方国，姬姓国达五十三个。

许多贵族为纪念封地，以地名作为自己的姓，从而演变出更多的宗族姓氏。

此后华夏各大宗族姓氏开始走向多元化，姓氏有了明确的宗族符号意义。

春秋战国则是中国姓氏大量产生的重要时期。到了秦汉时期，姓和氏合二为一，互为称呼。

秦汉之后，五胡乱华，成吉思汗横扫华夏，满清大军铁骑入关，历经千年民族大融合，华夏宗族逐渐融合了东夷、西戎、北狄、南蛮以及鲜卑、契丹、羯、羌、满等，形成了海纳百川的华夏民族。

九百年前宋朝人编写的《百家姓》，其中就有许多是融入汉族的少数民族的姓，如拓跋、单于、赫连、慕容，尉迟等。

汉狄夷蛮的深度融合，中华民族的原始基因得到了优势互补，一个更加强大、更加多元、更加丰富、更为优秀，世界上独一无二的伟大族群，强势崛起于太平洋西岸的东亚大陆。

礼莫大于祭

根系繁茂的宗氏大家族，集合而成了族群庞大的中华民族。

据《中国姓氏大词典》统计，中国姓氏多达两万三千多个，目前仍在使用的达七千多个。

姓氏认同是宗族认同的基础。姓氏的出现，始祖的追根寻源，认祖归宗成为一种世代不变的血亲情怀。

千百年来，在中华大地上，宗法制度始终是一项基本的社会制度，构成汉民族社会的坚固根基。

绵延千年的宗族传承，拥有深厚的文化积淀，既是个体赖以生存和发展的遗传基因密码，又是华夏民族长盛不衰的文化命脉和集体记忆。

族谱，就是这种集体记忆的物化形态，宗族遗传密码的充分表达。

以同姓同宗血缘为纽带建立起来的姓氏族谱，成为华夏宗族文化的独特社会映像。

族谱又称家谱、谱牒、宗谱等，清晰记录着一个家族的世系繁衍和重要人物事迹，标注着家族成员血缘关系的亲疏远近。

族谱记述着每一个生命的根脉，告诉人们"我从哪里来，我的祖先在哪里"。

先秦时期，即有史官修谱制度，并撰有《世本·帝系篇》。

两宋时期，编修族谱风气渐开，官宦大族率先而行。

明清以后，修续家谱蔚然成风，内容结构日渐定型。

清康熙时期，国家对宗族修谱还作了详细规定：凡不孝、不悌、犯义、僧道、邪巫、优卒、贱役等，都被认为是"辱祖玷宗，丧名败节，皆不准入谱"。

儒学先师孔子的后裔子孙，延至1085年即北宋元丰八年，开始修订第一部孔氏家谱。

官位高居朝议大夫的孔子第四十六代孙孔宗翰，主持编撰了这部族谱，将孔氏本族嫡系及庶支一起收入，并正式镂版印刷。

八百多年后的1920年，衍圣公孔德成主持，专门设立了"曲阜全国孔氏合族修谱办事处"，简称"谱馆"，孔德成任总裁，族长孔传堉等三人主持日常工作，同时组成了一个六十六人的编撰团队。

"孔氏全国合族大谱"，历经七年方才大功告成。

一部卷帙浩繁的族谱，就像一部家族创业史，一部与国史、方志互补的民族发展史，一份华夏民族特殊丰厚的文化遗产。

华夏第一大族钱氏家族，始祖钱镠在唐末大动乱之际，乘势建立了吴越国，定都杭州。钱镠临终遗嘱子孙："度德量力而识时务，如遇真君主，宜速归附。"

公元 978 年，大宋朝廷建立十八年后，钱镠之孙弘俶尊奉祖先遗嘱，举家入朝。钱氏一族的明智决策，受到宋代朝野称赞。编于宋代的《百家姓》，皇族赵姓之后就是位于第二的"钱"姓。

"钱氏家训"有一句名言："利在一身勿谋也，利在天下必谋之。"

时隔一千多年后的近现代，钱氏一族人才"井喷"，"一诺奖、二外交家、三科学家、四国学大师、五全国政协副主席、十八两院院士"，钱基博、钱钟书父子，钱玄同、钱三强父子，钱穆父女、钱逊父子，以及钱镠第三十三世孙钱学森等同出一门，名震天下。

一个家族开枝散叶盛旺千年而不衰，既是国幸，更是家幸。

华夏先民远在上古时期，已经有了朦胧的祖先祭拜意识。

他们坚信，祖先的灵魂永远不会灭失，肉体消失之后仍然会在某个神圣的地方庇佑着后裔子孙，神助子孙后代繁衍昌盛，保证家族的血脉世代绵延不绝。

人们期望远去的"开族始祖，历代宗亲"，能够继续"福荫保佑，德泽后人"。

东汉许慎著述《说文解字》时，将"宗"的含义解读为，"尊祖庙也"。把先祖的亡灵安放在宗庙里，如《左传·成公三年》所说："嗣其祖宗之职位。"

祭祀是儒家礼仪制度的重要内容，华夏礼典的核心组成部分。

上古时期，祭祀和战争是人类最重视的两件大事。

礼有五经，莫重于祭。《左传·成公十三年》记述说："国之大事，在祀与戎。"

意思是说，国家就两件最重要的事，战争和祭祀。最初的祭祀对象是"社","社"是土地之神,即后土圣母。

祖先祭拜被视为中国古代一种重要的宗教仪式。

根据文献记载,祖先祭拜至少可上溯至商代。这种祭拜有一个从"个人祖先祭拜"到"集体祖先祭拜",再到"民族祖先祭拜"的过程。祖先变成了一个象征性偶像,维系族群的支撑点。

《孔子家语·郊问》中记载说,帝王在郊外祭祀祖先时,同时要祭天。鲁国国君定公对此有些不解,就向孔子询问:"古之帝王必郊祀其祖以配天,何也?"

孔子回答说:"万物本乎天,人本乎祖,此所以配上帝也。郊之祭也,大报本反始也,故以配上帝。"

孔子的意思是,世上的万物都是天生的,世上的人也都是老祖宗一代一代传下来的,所以祭天时一定要同时祭拜始祖,表示感谢上天,报答祖先的恩德,反思自己生命的根源。

商代祖先祭拜仪式已经高度制度化,渗透到国家政治生活的各个方面,宗教权、政治权和亲属关系彼此依托,互为一体。

"黄帝战蚩尤"部落统一战争结束后,黄帝在始祖女娲故里汾阴雎上建坛祭祀,这是华夏民族数千年历史上的第一个祭祠:中华圣母"后土祠"。

运城万荣县古称汾阴。汾阴后土祠,位于万荣县西南四十公里黄河岸边高高的黄土塬上。

"后土祠"供奉的后土圣母,土地最尊之神,誉为"海内祠庙之祖","规模壮丽,同于王室"。

"后土祠"作为华夏宗祠的文化源头,越来越展现出深邃的历史文化内涵和宗族文化价值。

后土祠（摄影：刘发明）

　　运城万荣县古称汾阴，汾阴后土祠，位于万荣县西南四十公里黄河岸边高高的黄土塬上。"黄帝战蚩尤"部落统一战争结束后，黄帝在始祖女娲故里汾阴脽上建坛祭祀：中华圣母"后土祠"。"后土祠"供奉的后土圣母，誉为"海内祠庙之祖"，"规模壮丽，同于王室"。

　　祠中保存完好的《历朝立庙致祠实迹》碑记载，"轩辕氏祀地祈扫地为坛于脽上，二帝八员有司，三王泽岁举"。

　　从黄帝开始定下，每年要到后土祠祭祀的制度。

　　从汉代开始，每隔三年，皇帝都要来这里举行一次隆重的祭祀。

　　汉武帝刘彻，东岳封禅，汾阴祀土，扩建汾阴后土祠，定为国家祠庙，作为巡行之地。他一生六次祭祀后土，仪式隆重无比，并在此留下了脍炙人口的千古绝赋《秋风辞》。

　　之后的汉宣帝等四位皇帝，先后十一次来此祭祀。从汉代至宋代，历朝皇帝先后二十四次，亲临祭祀后土祠。

直到明清之后，皇帝祭祀后土的仪式，迁移到了北京天坛举行。

经过历朝历代的不断扩建，后土祠规模最大时十分壮观，南北长 1204 米，东西宽 526 米，面积达 6.3 万平方米，是现存后土祠面积的 25 倍。作为祠堂建筑，运城的后土祠建制及规模，以及它的历史渊源，至今全国任何一座祠堂都难以与她相比。

后土祠开华夏宗祠先河，无愧为中国宗祠建造的历史源头。

祖宗祭拜，华夏民族坚守千年的文化信仰，炎黄子孙信奉如一的世俗化宗教。

祖宗就是一个庞大族群顶礼膜拜的偶像，子孙后代磕头敬仰的师表。

全球华人公祭后土祠

2003 年 4 月 19 日，来自 13 个国家和地区的 200 多名华人代表齐聚运城万荣，举行公祭后土圣母大典。相传夏历三月十八日是后土娘娘的生日。

聆听祖先的教诲，赞美祖先的美德，遵从祖先的遗训，虔诚之情甚至超过任何一种宗教信仰。

祖先祭拜的物质承载者，就是规制严整的祠堂。

宗祠也叫宗庙、祠堂、家祠、家庙，属于古代祭祀先祖的场所。

一座宗祠不仅记录着一个家族的根系之源，一个家族的迁徙史和创业史，更记载着一个家族的荣耀辉煌与文化传承。

一座祠堂，犹如矗立于人们心底肃穆庄严的教堂，一块炎黄儿女灵魂深处的宗教圣地。

"祠，祖宗神灵所依；墓，祖宗体魄所藏。子孙思祖宗而不见，见所依所藏之处，即如见祖宗一般。"

朝拜先人，祭祀祖宗，不仅是祈福于祖先，不忘祖德，更是在寻找自己生命的源头，汲取先祖的道德理想和文化精髓，明晰自己应当承担的文化传承责任。

《孔子家语》较为详细记载了孔子的见解："夫生必死，死必归土"，"骨肉弊于下，化为野土，其气发扬于上者，此神之著也"。"故筑为宫室，设为宗祧，春秋祭祀，以别亲疏，教民反古复始，不敢忘其所由生也。"

人总是要死的，人死了，骨肉腐化为土，但灵魂不会死，他们的灵魂到你心中去了，到你血液中去了。先人的基因由你传续，生前的教诲还在耳际回响。记住这些精神，需要建一个父辈的家庙，远祖的宗祠，春秋季节都要按时祭祀。追祭祖先不是回到从前，而是要牢记我从哪里来，我是谁生的，我的祖宗在哪里。

明彝伦　序昭穆

根据历史学家的考证，中国宗族祠堂的建造，开始于战国时期。

上古时期，士大夫不能私建宗庙，宗庙为天子专有。

两汉时仅是建造墓祠，宋代自朱熹开始，一些平民家族开始兴建规制较小的家祠，元代出现了以宗族为群体的立祠规制。

明清之后，立祠渐成普遍的宗族文化现象，"无祠堂则无以安亡者"。

山西大学历史文化学院教授乔新华认为，"祠堂作为我国乡土建筑中的礼制性建筑，其起源可远溯至上古的祖先崇拜，历经周代宗庙、汉代墓祠、唐代家庙、宋代家祠、明清宗祠的发展变化，成为独特的人文景观、真实的文化符号。"

以血缘关系为基础建立起来的家族祠堂，是宗族的象征和圣殿、家族子孙世代的灵魂家园。

运城常平村关公家庙，又叫关帝祖祠。

占地面积近一万三千四百平方米，所有建筑坐北朝南，总体布局呈前朝后宫形制，各种建筑端庄古朴，殿阁壮丽。

庙中的圣祖殿，供奉着关公始祖及关公上三辈祖父母的塑像。

关公的曾祖父、祖父、父亲都是耕读传家、淳朴善良的普通百姓。

关公祖祠蕴涵着独有的丰富文化内涵，承载着关公万世共仰的忠、勇、仁、义等传统伦理道德，渗透着儒学的春秋要义。

关帝庙（摄影：刘发明）

　　运城常平村关帝庙。占地面积近一万三千四百平方米。庙中的圣祖殿，供奉着关公始祖及关公上三辈祖父母的塑像。关公祖祠蕴涵着独有的丰富文化内涵，承载着关公万世共仰的忠、勇、仁、义等传统伦理道德，渗透着儒学的春秋要义。

　　宗祠作为中华优秀传统文化的重要组成部分，它所体现的宗法伦理、价值取向、家族象征和人生信仰，历经数千年的历史积淀，已形成较为系统的文化理念。

　　寻根问祖、落叶归根、尊宗敬祖、感恩报本、家规祖训、宗族联谊等丰富多元的传统理念，拥有无与伦比的社会影响力和历史文化价值。

　　夏县司马温公祠，占地百余亩，规模宏丽，创建于宋代，是祭祀北宋著名政治家、史学家司马光的圣地，司马光本人及先祖均归葬于此。

　　司马光是运城夏县人，宋代宰相，历史上著名的政治家和史学家，史学名著《资治通鉴》对后世产生了极为深远的影响。

司马光死后归柩故里，被赐封为温国公。

祠堂，更与中国革命结下了不解之缘。

1929年3月14日，红军打下福建长汀，城里180多座祠堂，被三千人的红军队伍住满，周氏宗祠变成了一个红军被服厂。

1935年2月，中共福建省委、省苏维埃政府办公地就在长汀四都镇汤屋村的"凝春晖"楚发公祠。这个一百多户人家的小村庄，全都姓汤，总祠堂一座，公祠二十余座，几户家庭就有一座祠堂。

20世纪30年代初期，毛泽东开展的一系列农村调查，《兴

司马温公祠（摄影：刘发明）

司马光，运城市夏县人，著名政治家、史学家。穷其毕生劳力，主持编撰了《资治通鉴》。成书不到两年，便积劳而逝，被后人誉为"大忠大义，充塞天地，横绝古今"。死后归柩故里，赐封为温国公。

国调查》《才溪乡调查》等，几乎都与祠堂有关。著名的《湖南农民运动考察报告》，就是在湖南安化的姚氏宗祠里完成的。

家族基因的百代传承，宗族薪火的代际传续，这是一种人类心灵的强烈渴望，一种与生俱来的生命情结。

当个体走进本族祠堂，走进家族历史的深处，仰望列祖列宗，追念先祖，实际上是在展开一次与先人的灵魂对话，一次血缘亲情的历史对接，一次古代文化与现代文化的完美融合。

面对祖先光天耀地的人生成就，灵魂受到强烈震撼，心性经受雷霆般洗礼；会为曾经的家族繁盛而骄傲，更为祖先的艰难创业而感动。

宗祠的建立，早在一千多年前，开始纳入国家治理构架中。

自宋代朱熹率先建立家祠后，国家最高统治者开始逐步重视宗祠的建立。

明清以来，宗祠的地位与价值越来越突出。明世宗采纳了礼部尚书夏言的建议，正式允许汉族民间联宗立庙，从此宗祠建筑遍布全国各地。

祠堂成了宗族祭祀先祖、举办宗族事务、修编宗谱、议决重大事务的重要场所。

到了清代，宗祠建设更体现为国家意志，清政府直接支持、保护民间修建祠堂。

《圣谕广训》规定，宗祠要"敦孝悌以重人伦，笃宗族以昭雍睦"。宗族制定的族规，中央政府承认其具有某种法律效力，甚至对族长依家法处死族人也曾给予法律上的认可。

源远流长、繁盛不衰的宗族文化，具有丰富多元的社会现实价值。

宗族文化是一种稀缺而宝贵的传统文化资源，是一种植根于普通大众骨髓的文化传承，具有无可撼动的重要文化地位，不可替代的历史文化价值。

慎终追远　民德归厚

一座宗族祠堂，就是一面凝聚族众的鲜艳旗帜。

宗祠蕴藏着质朴的精神感召力，具有凝聚同族群体的巨大能量。

郑玄认为，《大传》就是一部记述同宗同族人亲大义的重要文献。

《礼记·大传》详细论述了为什么要尊族敬族："是故人道亲亲也。言先有恩。亲亲故尊祖，尊祖故敬宗，敬宗故收族，收族故宗庙严，宗庙严故重社稷，重社稷故爱百姓，爱百姓故刑罚中，刑罚中故庶民安，庶民安故财用足，财用足故百志成，百志成故礼俗刑，礼俗刑然后乐。"

意思是说，爱父母是人的天性。爱父母就必然会尊敬祖先，尊敬祖先就必然会尊敬宗族，尊敬宗族就必然会团结族人，团结族人就必然会维护宗庙的尊严，宗庙尊严就必然会重视社稷，重视社稷就必然会爱护百官，爱护百官就必然会刑罚公正，刑罚公正就必然会百姓安宁，百姓安宁就必然会财用充足，财用充足就必然会万事如意，万事如意就必然会礼俗美好，礼俗美好就会导致普天同乐。

尊祖敬宗的重要社会价值，论说如此透彻，一环扣一环，逻辑缜密，让人不容置疑。

元代苏伯衡说："礼莫大于祭，祭莫大于敬。"祭拜是礼中之大。

孔子的得意弟子，颇得孔子真传的儒学重要代表人物曾子，在《论语·学而》中提出："慎终追远，民德归厚矣。"

虔诚地祭祀远代祖先，缅怀先人的事业功勋和嘉言懿行，自然会培育出忠厚老实的百姓，社会风气就会趋于敦厚淳朴。

"慎终追远"由此成为中国一个久远的文化传统。

宗祠可以唤起广大族众的历史感、道德感和归属感，能够把众多家族成员紧密联系起来，形成宗族内部的族群凝聚力，增强万流归宗的向心力，发挥"上述祖德，中联宗亲，下启子孙"的桥梁纽带作用。

清明祭祖是中国人的传统习俗。

上至君王大臣，下至平民百姓，都要在这一节日祭拜祖先的亡魂。

从唐朝开始，朝廷要给官员放假归乡扫墓。唐玄宗开元二十年即公元732年，朝廷颁布敕令，将寒食节扫墓祭拜编入"五礼"之一。

诗人杜牧那首《清明》诗，"清明时节雨纷纷，路上行人欲断魂"，已经化为人们心中清明节一个特殊符号。

这一世代传承的习俗，让我们每每怀着一颗敬畏之心，慎终追远，祭拜先祖。

洪洞大槐树是华夏移民史实的最好见证，更是无数移民心中永远不能忘怀的老家。

"拔地巨槐冲碧汉，相承一脉密分枝；树身即使高千丈，落叶归根也有期。"

至今山东、河北、河南等地仍流传着一首妇幼皆知的民谣："问我祖先在何处，山西洪洞大槐树。祖先故居叫什么，大槐树下老鸹窝。"

大槐树是数以亿计移民后裔寻根祭祖的圣地，六百多年来，已经成为炎黄子孙心中的认祖归宗之根，被当作"家"，被称为"祖"，被看作"根"。

同宗同族，血脉相连，是一条千古同源的血缘纽带。先祖的

洪洞大槐树

位于山西省洪洞县，全国以"寻根"和"祭祖"为主题的民祭圣地。洪洞大槐树是华夏移民史实的最好见证，更是无数移民心中永远不能忘怀的老家。

血脉，像一只无形的巨手，把我们这个星球上所有的炎黄子孙紧紧连在了一起。

"我的祖先在哪里？"这个千年生命基因诘问，始终埋藏在每个人的灵魂深处。

炎黄子孙散布在世界一百六十多个国家和地区，海外华侨超过五千五百万人。

2014年10月31日，两位泰国前总理他信和英拉以及英拉的儿子，一起回到祖籍广东梅州，祭拜先祖。

英拉和他信是第四代泰国华裔，祖籍广东省梅州市，是客家人的后裔。

清末时期，英拉的高祖父携带妻儿登上开往南洋的帆船，远赴泰国谋生。

这些漂泊在外的炎黄儿女，无论身在天涯海角，都不会忘记自己的根在中国。

上至孩童少年，下至耄耋老人，每年都会有大批海外赤子不远万里，不辞艰辛，回国祭祖。

唐初著名军事家、政治家薛仁贵的后裔薛氏族人，专程前往薛仁贵故里，拜祭薛氏先贤，寻找自己的根脉，探寻与薛氏家族密不可分的历史文化。与会薛氏族人还踊跃捐款，资助薛氏文化研究工作。

2016年9月12日，中华薛氏宗亲联谊会第二次代表大会在万荣县举行。来自全球十三个国家和地区的四十一个代表团，共三百多名代表汇聚一堂，共话血脉亲情，"万水千山宗亲情，千秋万代宗亲传"。

　　1985 年 4 月 19 日，第一位乘坐宇宙飞船进入太空进行科学考察的美籍华人王赣骏，升空前夕，台北王氏宗亲会要求他携带该会标志"三槐堂"锦旗遨游宇宙，他照办了。事后他回台北，把那面锦旗回赠给王氏宗亲会，宗亲会为他打开中堂，接受锦旗，盛情款待。王赣骏在回忆录中写道："这是身为王氏子孙极有面子的事。"

　　个人一次重要意义的活动，已经演化成了整个宗族的集体荣耀。

　　隆重的祭祀祖先活动，已经成为人们社会生活的重要组成部分。

　　一个家族一年一度的祭祖大典，具有极强的号召力，构建起

薛仁贵塑像
　　中华薛氏宗亲联谊会第二次代表大会在万荣县举行，来自全球十三个国家和地区的四十一个代表团，共三百多名代表汇聚一堂。

了族众血缘亲情的无形桥梁。

散居各地的宗族儿女，相聚宗族祠堂所在地，是一次"穿越时空的家族聚会"。

相见时的一群陌生族人，分别时成了至亲。

20 世纪 90 年代开始，随着改革开放和全球华人寻根问祖热潮的兴起，全国各地修建和修复了许多宗祠，有些姓氏恢复了祠堂祭祖传统。

有的学者认为，"宗族的复兴有其内在必然性"，"宗族理念早已内化为民族精神的一个组成部分"。

一些研究者亦清醒地认识到，宗族理念与生俱来的宗法思想、浓厚的族权意识、人为划定的宗族小圈子，以及非法治观念等负面效应，已经不能适应现代社会的发展进程，甚或戕害法治社会的依法治理。对其进行约束规范，因势利导，切莫因噎废食，方能保证其健康运行，芳华永葆。

不远千里祭拜祖宗的恩德，或已成为人们光彩人生的一大盛事。

2012 年 10 月 13 日，福建晋江、惠安、泉州、石狮等一千多名舜帝后裔陈氏宗亲，专程来到运城舜帝陵，寻根祭祖，举行了盛大的祭拜仪式。

福建省陈氏委员会负责人诵读祭文，主祭团成员分批上香，敬献花篮，行三鞠躬礼，祭拜始祖虞舜。

2017 年 4 月 4 日，运城市盐湖区常平村关帝家庙，举办了清明节关氏宗亲大型祭拜活动。

祭拜活动结束后，三百二十桌三千多人的"团结家宴"同时

福建陈氏舜裔祭祖

福建晋江、惠安、泉州、石狮等一千多名舜帝后裔陈氏宗亲，专程来到运城舜帝陵，寻根祭祖，举行了盛大的祭拜仪式。

开餐，来自全国各地的关氏宗亲，周边群众一万多人参加，场面十分壮观震撼。

一位家住太原、祖籍盐湖区的游子杨先生，春节回家，亲身经历了大年初一祠堂祭拜的全过程。

全村半数以上的住户都属杨氏家族。

据家谱记载，自明代初年，先祖迁徙到此，至今已有六百余年，共繁衍后代二十五世。

本族建有三座祠堂，每年正月初一吃完喜饺后，全族的男性成员，不论年龄大小，都要聚集到各门的祠堂里去祭拜祖宗，俗

2018 年运城舜帝后裔恭祭虞舜圣帝大典（摄影：刘发明）

称拜祠堂。

　　主持人宣布祭拜仪式开始后，先由族长手执三炷点燃的线香插入供桌上的香炉内，然后带领族人跪下磕头，立正作揖，反复多次，才算礼毕。

敬宗睦族

　　宗祠，以其强大的磁力场效应，吸引着一群具有血缘关系的群体，响应祖先的召唤，相聚一起，接受传承千年的文化洗礼。

　　"登祠思祖德，入庙念宗功"。祠堂内的"永思堂""聚气堂""文在堂""孝义堂"，以及祠碑、楹联、匾额、雕塑、牌位等，无一不在展示着宗族的荣耀。

家族子孙参加本族举行的祭祖安魂大典，通过摆香案、具供品等隆重的祭祀活动，像是搭建一个文化认同平台。

"上奠祖先之灵，下规后嗣之则"。忠、孝、仁、义、礼的儒学基本规范，修身、齐家、敦本、和亲的传统文化之道，都可以在宗祠里学习传授。

严格的道德教化，目的是"祖德垂芳"，使本族子孙明彝伦、序昭穆、正名份、辨尊卑，保证家族人才辈出，光宗耀祖。

闻喜县的裴氏宗祠，当年叫裴公祠，因为裴度被封晋国公，改名晋公祠。

裴公祠建于唐贞观三年，即公元629年，规模宏大，气势磅

裴晋公祠（摄影：刘发明）

　　裴家祠堂，始建于唐贞观五年（629年），因裴度封晋国公，改名晋公祠。自汉、魏，历南北朝，至隋唐、五代，两千多年间，裴氏家族"将相接武，公侯一门"，"宰相村"实至名归。

礴，历朝历代都有重修。

裴氏家族自秦汉时期开始，到隋唐时极为昌盛，家族中许多子孙，业绩显赫，功德文章闻名于世，在中外历史上绝无仅有。

深厚的家学渊源，使裴氏家族人才辈出。

数百年间，裴氏家族先后出过五十九位宰相，五十九位大将军，十四位中书侍郎，五十五位尚书，四十四位侍郎，十一位常侍，十位御史，真正称得上"将相接武，公侯一门"，中国"宰相村"实至名归。

2005 年《山西晚报》发表了知向谁边的一篇文章，《临猗刘家祠堂：悬崖上的祷告》。

这位智者满怀深情地感叹说：这是一座被遗弃在荒原上的祠堂，一座真正的平民祠堂。

因为潘西村的移民迁徙，这座古老的祠堂从此破败不堪，没有人再去那里上香祭祀，孤零零地留在老村里。

祠堂的存在是一种象征，一种心理安慰，没有祠堂，就没有了历史。那里是缭绕过祖先香火的地方，曾经有过祖先的荣耀。

后人骨子里对祖先的敬畏和崇拜，就像他们对那条大河一样，决不许任何人去损毁，那里是刘家祠堂，那里有刘氏一脉的根。

宗族文化的认同，就是要从优秀传统文化精髓里吸取营养。

家规祖训、诗书传家等传统文化精髓，涵养现代文化的宝贵营养。

优秀传统文化，已经内化为民族的基因，植根于人们的内心，潜移默化影响着每一个人的思维方式和行为方式。

　　几千年来，血缘纽带、祖宗崇拜是中国人自古至今，连绵不断的心灵寄托。由于历史原因，"文革"期间不少地方，将民间的宗祠、族谱、家谱，甚至连人文始祖的陵墓等，全都当成封建迷信彻底摧毁。尽管如此，几千年来深深植根于中国人血脉中的精神追求，仍然是任何力量都不能完全摧毁的。

　　中纪委十九大报告指出："孝悌忠信礼义廉耻的文化基因世代相传，为中华文明注入深厚的伦理责任和家国情怀，赋予我们民族强大的统一性、内聚力和百折不挠的品格。"

　　1937年4月5日清明节，西安事变后，民族危亡之际，中国两大阵营的领袖——毛泽东和蒋介石，同时派出代表，来到黄帝陵，秉香祭奠炎黄子孙的共同祖先。在黄帝陵前，毛泽东的代表林伯渠，宣读了毛泽东写的四言古体祭文："东等不才，剑履俱奋；万里崎岖，为国效命。民族阵线，救国良方；四万万众，坚决抵抗。还我河山，卫我国权。"

　　这是国家的大祀，民族的大祭，更是四万万同胞的集体大祭。

　　曾经激烈交手的战场对垒，共同站在人文始祖黄帝的面前，凝聚民族团结，获取抗日共识，并肩而行，以共赴血与火的抗日前线。

　　华夏子孙对同宗同族的认同，既是民族文化的认同，更是一脉相承的族源认同，本质上是对民族繁荣兴衰跌宕命运的认同，更是对实现中华民族伟大复兴"中国梦"的认同。

　　文化是宗族的血脉。认族归宗，维系的不仅是一个姓氏大家族，更凝聚着一个伟大的中华民族。

　　个体对宗族文化的认同，是族群凝聚力的起点，族群凝聚力则是中华民族凝聚力、向心力的根基。

中华民族巨大的凝聚力，来源于每一个人对祖宗的虔诚敬仰，对血缘亲情的深情眷念，对宗族群落的浓烈依附。

血浓于水的血缘情结，地老天荒不会淡化，追宗念族的宗教般情怀，千秋百代不会抛却。

华夏亿万子孙，那份源于先祖的归属和荣耀，那份感恩祖宗的赤子之心，豪情澎湃，万心归一，正以磅礴之势，汇集而成中华民族势不可挡的滚滚洪流！

第六章 / 天下大同

　　"大道之行，天下为公，是谓大同"。天下大同就是"天下为公"，"大同"是"仁"的最终归途，是"仁"学思想的精华结晶。"大同"代表了中国古代社会的理想境界。安土重迁的中华民族，没有侵略的动因。大同意识，根源于华夏民族的和合基因。我们期望建立的"人类命运共同体"，追求的是求同存异，和而不同，来源于中国传统文化"天下大同"，代表着人类对未来社会的美好憧憬，是人类最终期望达到的理想世界。

公元前五世纪春秋时期，世袭传承了二百七十多年的姬氏西周，王室衰微，霸权迭兴，二三百年间诸侯蜂起，天下混乱不堪。

鲁国是周天子的封国，相对完整地保存了周代礼乐。

起源于西周，相传由周公创建的"礼乐制度"，历史影响巨大，地位十分突出，与封建制度、宗法制度一起，构成中国古代社会的基本制度。

鲁国是儒学的故乡，儒学创始人孔子对祭祀极为重视和精通，主张祭祀要"慎""敬"，安排要"称"。

周礼对祭祀"佾舞"有严格的等级规定。"佾"是奏乐舞蹈的行列，一佾指一列八人，八佾是八列六十四人。

只有天子才能享用八佾，诸侯用六佾，卿大夫用四佾。

鲁国贵族正卿季孙氏，只能用四佾，而他却"八佾舞于庭"。

孔子对这种破坏周礼等级的僭越行为十分不满："是可忍也，孰不可忍也。"

他认为"周礼尽在鲁矣"的鲁国，社会世风浇漓，人心不古，已经"礼崩乐坏"。

八佾舞（图载自网络）

　　周礼对祭祀"佾舞"有严格的等级规定。一佾指一列八人，八佾是八列六十四人。只有天子才能享用八佾，诸侯用六佾，卿大夫用四佾。鲁国贵族正卿季孙氏，只能用四佾，而他却"八佾舞于庭"。孔子认为"是可忍也，孰不可忍也。"

美美与共　天下归仁

　　孔子认为，尧舜时代以及夏商周三代，才是人类社会的理想之国。

　　诸侯混战的春秋社会，唯有推行西周礼乐制度，混乱的社会秩序才能恢复稳定，"天下有道"的和谐社会才能实现。

　　西汉戴圣辑录编纂而成的《礼记·礼运》篇，高度概括了孔子对大同盛世的经典描述："大道之行，天下为公，是谓大同"。

孔子将古代社会分为"大同"和"小康"两种类型。尧、舜时代是"大同"社会，夏、商、周三代是"小康"社会。

孔子进而认为，天下大同就是"天下为公"，"大同"是"仁"的最终归途，是"仁"学思想的精华结晶。

"大同"代表了中国古代社会的理想境界。

孔子进一步解释说："选贤与能，讲信修睦。故人不独亲其亲，不独子其子，使老有所终，壮有所用，幼有所长，鳏寡孤独废疾者皆有所养。"

意思是说，大道施行的时候，天下为人们所共有。人们不单是奉养自己的父母，抚育自己的子女，更要使老有所养，壮有所树，幼有所依。老而丧妻的鳏夫、贫而失夫的寡妇、幼年丧父的孤儿，以及老而无子之人，身体残疾之人，都应得到社会的供养。普天之下安静祥和，没有奸邪之谋，没有盗窃造反情形的发生，夜不闭户。

孔子认为，万民安居乐业，社会祥和，天下盛世太平，这样的社会才是大同社会，才是理想家国。

孔子对"大同社会"精彩绝伦的生动描述，简洁表达了中国古代社会的最高理想，展示了人类社会的独特价值取向，闪烁着东方哲学智慧的光辉，无愧为世界政治思想史上的一颗璀璨明珠。

道家学派创始人、几乎与孔子同时期的老子，也设计了一幅人人"甘其食，美其服，安其居，乐其俗"的理想社会美丽蓝图。

大同，首先是一个社会群体的内在关系。社会群体以大同理念为共同价值趋向，追求相互之间的和谐共处，人人友爱互助，家家安居乐业，同族情同手足。以人与人之间的"和同"为基础，进而趋向社会大同的理想愿景，构建一个"四海之内皆兄弟"的理想社会。

尧舜开创的华夏社会，就是这样一个人们期盼向往的大同社会。

清末著名思想家康有为撰写的《大同书》，是一部融合中西文化描述天下大同的重要著作。

他依据《春秋》公羊三世说，《礼运》中的"小康""大同"说，提出了自己的独特见解，描绘了一个"人人相亲，人人平等，天下为公"的理想社会，在中国近代思想史上绽放出异彩。

中国民主革命伟大先行者孙中山，更是把"天下大同"作为自己的政治理想目标和思想体系核心。

1924 年，孙中山在《三民主义》一书中提出："真正的三民主义，就是孔子所希望之大同世界。"

1990 年 12 月，八十华诞的著名社会学家费孝通先生，面对全球化的浪潮，经过多年的思考和研究，提出了"各美其美，美人之美。美美与共，天下大同"十六字箴言，丰富提升了"大同"内涵，得到了社会各界的广泛认同。

"天下大同"产生于华夏童年的远古时期，贵族阶层激情飞扬的青春萌动，迫切需要理想情怀的诗意表达。

一首天下大同理想之歌，在华夏农耕文明的土地上，浅吟低唱四千载，余音绕梁天地间。

天下大同，更为丰富的内涵是"国国和合"。

"和合"最早见于《周礼·地官》，是古代中国神话传说中象征夫妻相爱的神名，代表着和睦同心，调和顺利。

和合文化源远流长。《易经》中的"和"，表示和谐、和善的意思。

天下大同，自古就是一种天下和合观。

"天下"常与"四海""海隅"等表示方位的词联在一起。

《尚书·大禹谟》记叙说："皇天眷命，奄有四海，为天下君。"

先秦时期，八百诸侯烽火天下，天下大同着意想要表达阐发的，是诸侯各国之间的相容共处关系。

儒法学派，无不自命帝王师。但是，对于天下各国诸侯相处之道，双方却有着完全不同的两种解读。

法家历代大师，皆都秉持"天下归一"观。从商鞅到韩非，再到李斯，一百多年间，他们跋山涉水千里迢迢，舍身冒死踏入

康有为《大同书》

　　清末著名思想家康有为撰写的《大同书》，是一部融合中西文化描述天下大同的重要著作。他依据《春秋》公羊三世说，《礼运》中的"小康""大同"说，提出了自己的独特见解，描绘了一个"人人相亲，人人平等，天下为公"的理想社会。

偏僻秦地，上书秦王，祈求贴身站在秦国君的身旁，精心构划"农战"之策，盼望着天下必一于秦，六国必亡于己，最终实现"书同文，车同轨，行同伦"的一统梦想。

战国时稷下学宫最具影响的学者慎到，在《威德》里提出："立天子以为天下，非立天下以为天子也。立国君以为国，非立国以为君也。"拥立天子以治理天下，拥立国君以治理国家。

法家集大成者韩非，透过历史的浓重烟雾，刀简耕耘，宁作灵魂的殉葬者。在商鞅车裂一百多年后，孤胆许身秦国，出师未捷即遭李斯陷害，被下令毒死。他在《韩非子·物权》中公开宣称："事在四方，要在中央；圣人执要，四方来效。"国家的大权，要集中在君主即圣人一人手里，君主必须有权有势，才能治理天下。

始皇三十七年，秦嬴政巡游到会稽，即今天的浙江绍兴时，为了祭奠大禹，宣扬功德，命令丞相李斯手书铭文，刻石记功。李斯所写的这篇铭文题为《会稽刻石》，后来被司马迁载入《史记》。

韩非

韩非，战国时期杰出的思想家、哲学家，荀子学生，李斯同学。法家集大成者韩非，在商鞅车裂一百多年后，孤胆许身秦国，出师未捷即遭李斯陷害，被下令毒死。

会稽刻石，很像一篇昭告天下的文化一统宣言，"远近毕清"，"贵贱并通"，"大治濯俗，天下承风"，"人乐同则，嘉保太平"。铭文短短四百三十字，通篇称颂，始皇圣德深广，充满天地四方，统一总法式，统一海内地，兼听天下事，远近政治清。

这就是李斯们心目中的大同世界。

儒学硕儒恰恰相反，他们信仰如一，天下归仁，方为大同。

他们也有帝师的梦想，期望站在帝王的近身，为民请命，代民谏言。

孔子说："国君好仁，天下无敌。"如果国家君主喜好仁爱，那就天下无敌。

《孟子·离娄上》对孔子的天下归仁思想作了进一步深刻解读："三代之得天下也以仁，其失天下也以不仁。国之所以废兴存亡者亦然。天子不仁，不保四海；诸侯不仁，不保社稷；

秦始皇會稽刻石

秦始皇会稽刻石

始皇三十七年，秦嬴政巡游到会稽，即今天的浙江绍兴时，为了祭奠大禹，宣扬功德，命令丞相李斯手书铭文，刻石记功。李斯所写的这篇铭文题为《会稽刻石》，后被司马迁载入《史记》。

卿大夫不仁，不保宗庙；士庶人不仁，不保四体。"

孟子说得十分言简意赅，夏、商、周三代获得天下由于仁，失去天下由于不仁。诸侯国家的兴衰存亡，亦是由于同样的原因。天子不仁，不能够保有天下；诸侯不仁，不能够保住国家；卿大夫不仁，不能够保住祖庙；士人和平民百姓不仁，不能够保全身家性命。

孟子在盛赞伯夷、伊尹、孔子这三位贤人时说道："行一不义，杀一不辜，而得天下，皆不为也。"去做一件不仁义的事情，去杀一个无辜的人，即使因此可以得到天下，他们三人也都不会去做。"尧舜之道，不以仁政，不能平治天下。"即便有尧舜那样的治理之道，如果不施行仁政，也不能管好天下。

秦扫六合，天下归一，大大小小八百诸侯灰飞烟灭。其后两千年，天下大同不再着意审视诸侯国之间的相处关系，而是逐渐演变为华夏夷狄之辩。

秦汉之后，天下概念明确是指中原王朝"天子"直接支配的地域，或者管辖的范围，天下成为中央政权"夏""华""中国"的代称，以与周边的"四夷""八蛮""七闽""九貉""五戎""六狄"相区别。

安土重迁　农耕之本

大同意识，根源于华夏农耕经济的坚实基础。

古代华夏，农耕文明发达。《汉书·元帝纪》说："安土重迁，黎民之性；骨肉相附，人情所愿也。"

　　农耕民族的最大特点是守土安居意识强，"父母在，不远游"。宗族集聚，家庭意识浓厚，群体与土地紧紧绑在一起。崇尚安定和谐，讲究天人关系，重视家国伦理，体现为一种尊崇秩序、爱好和平、提倡互助、静气内敛的精神内核。

　　在国家层面，安土守耕视为国家发展的重要支柱，并被一朝又一朝最高统治者视为持之以恒的基本国策。

　　华夏先民，农耕活动一直是其生产生活的中心内容。

　　根据考古发现，距今四千多年前，中国北方地区，农耕生产主要以种粟为主、黍为辅，典型的旱作农业。

　　粟一直是黄河流域普遍种植的粮食作物，由野生的狗尾草驯化而来。

　　中国社科院考古研究所从仰韶文化村落遗址中，浮选出土了五万多粒碳化粟粒和黍粒，这是欧亚大陆发现，具有直接测年数据的最早小米遗存。

　　远在六千五百年前，小米就已成为华夏北方人们的主食。

　　在甲骨卜辞中，存在相当数量的以"禾"为部首的文字，如禾、黍、秬（jù）、穫（huò）等。

　　由此推测，殷商时期农作物种类已经多元化，农耕生产受到中央朝廷的重视。

　　战国时期著名水利家、都江堰水利工程的修建者李冰，是运城盐湖区解州镇郊斜村李氏宗族的"始祖"。

　　秦昭襄王末年，身为蜀郡守的李冰，主持兴建了重大灌溉工程岷江都江堰。岷江水利的开发利用，使蜀地农耕生产迅猛发展，成为天下闻名的鱼米之乡。

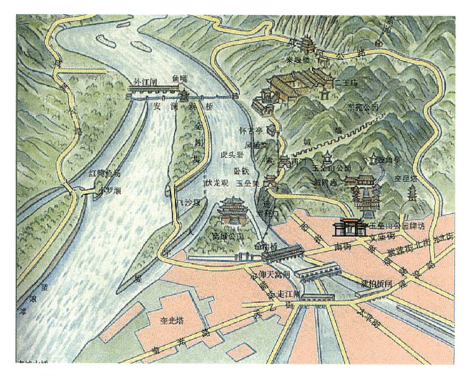

都江堰

坐落于四川省成都市都江堰市成都平原西部的岷江上，始建于秦昭王末年，由运城人蜀郡太守李冰父子组织修建。两千多年来一直发挥着防洪灌溉的重要作用，使成都平原成为沃野千里的"天府之国"。

"旱则引水浸润，雨则杜塞水门，故水旱从人，不知饥饿，则无荒年，天下谓之天府。"

起自西周，建立了世界历史上最为完整的农耕经济制度后，国家的经济、政治、文化都和这个制度紧紧绑定在一起。

小农经济形态，一直延续到清王朝灭亡，被有的学者称为"文明的灰烬"。

嫘祖首创养蚕抽丝织绢，粟黍驯化大面积种植，李冰兴建重大水利工程，华夏农耕文明的辉煌发展，始终沿着一条自力更生、自主创新、自给自足的发展之路砥砺前行。

仁义之师　和合基因

华夏美丽富饶的沃土上，数千年间，军事武力征伐虽屡屡发生，但纵观整个文明史，武力征伐绝非是社会发展的主体文化意识。

根据有人的粗略统计，见诸史籍、有据可查的大大小小的战争，从夏朝至清代约三千三百次，和平发展仍是社会进步的主流。

唐、宋王朝，六百多年，除金、元入侵、安史之乱外，太平盛世占了大部分时间。

清朝二百六十八年间，历经康乾盛世一百二十年，直到1840年遭到西方列强入侵。

安土重迁的中华民族，没有侵略的动因。

一部华夏文明史，并非总是血与火的燃烧，更非皆是大漠深处的金戈铁马。历史长河川流不息，丝绸之路上的清脆驼铃，文成公主的远嫁吐蕃，郑和下西洋的文化商贸之旅，这些才是华夏文明的主流前进方向。

大同意识，根源于华夏民族的和合基因。

早期重要典籍《尚书》，首先提出了"仁义之师，天下大同"的重要思想。

《诗·大雅·绵》记载了一个"虞芮让畔"的生动故事。"虞芮质厥成，文王蹶厥生"。西周初年，虞国与芮国两个诸侯国，交界处有一块多年没有划定归属的肥沃土地，两国的君主无不馋涎欲滴，都想据为己有。他们相约远去西周王都，找办事公道的西伯姬昌给以评判曲直。他们沿途路上，看到路两旁正在耕地的农民，"耕者让其畔"，在田块与田块之间，留下宽宽的田塍（chéng）。一道宽宽的土埂，作为界碑闲地，互不争执。二人由此深受感动："吾之所争，周人所耻，不可以履君子之庭。"

《史记·周本纪》有更为详细的记载。为争一块小小的土地闹到西周朝廷上，实在有点羞耻。于是两个国君商定，把所争的土地，弃为闲田。

虞、芮两国相让的那块"闲田"，传说就在今天的平陆县洪池乡南后沟西。如今，这块"闲田"野花烂漫，蝶飞雀舞，"闲田春色"已经成为平陆县古八景之一。

一场冰火相对的国土之争，悄悄变为相互让畔的和合相处。

虞芮让畔的"闲田"

《诗·大雅·绵》："虞芮质厥成，文王蹶厥生。"

17 世纪时，某些欧洲学者提出，中国曾经或必然会征服邻国，扩张自己的势力范围。

逗留中国三十年的意大利著名传教士利玛窦，针锋相对地提出：我仔细研究了中国长达四千多年的历史，不得不承认我从未见到有征服的记载，也没有听说过他们扩张国界。

他进一步分析说，虽然中国人有装备精良的陆军和海军，很容易征服邻近的国家，但他们的皇上和人民都从来没有想过要发动侵略战争。他们很满足于自己已有的东西，没有征服的野心。

历史学家吕思勉认为："中国人总愿意与天下之人，同进于大道，同臻于乐利。"而"压服他人，腏（zuī）削他人，甚而至于消灭他人的思想，中国人是迄今没有的"。

中华民族的血液中没有侵略他人、称霸世界的基因，中国人民不接受"国强必霸"的逻辑，期望同世界各国人民和睦相处、和谐发展，共谋和平、共护和平、共享和平。

一部华夏文明史证实，华夏民族一直秉承"己所不欲，勿施于人"的理念，始终坚持爱好和平、与人为善、与邻为伴，这是一以贯之的传统文化基因。

以德绥远　以文化之

和衷共济，四海一家，一直是梦寐以求的理想世界，是华夏社会前进发展的主流方向。

古罗马人的"万民法"体现的是帝国意识，企望把世界各个地方全都变成"罗马"。

"天下大同"则是一个"天下一家"观。博大的胸怀，能够包容异族文明，吸收天下各族的文明成果。

天下大同作为人类社会的最终理想目标，需要通过何种途径加以实现呢？

尧舜禹汤文武，古代先贤圣哲的响亮回答是：

首者，以德绥远，耀德不观兵；

次之，以文化之，夷狄华夏之。

《虞书·尧典第一》记载说，尧"克明俊德，以亲九族。九族既睦，平章百姓。百姓昭明，协和万邦。黎民于变时雍。"

尧能发扬大德，使家族亲密和睦。家族和睦以后，又辨明其他各族的政事。众族的政事辨明了，又协调万邦诸侯，天下众民也相递变化友好和睦起来。

虞舜承继尧帝大统，进一步提出了"征而不伐，以德绥远"的理念。

德是一种手段，绥远是一种道德征服，征而不伐为上上策。

实现大同，要摒弃"兵戎慑服"，凭依道德的巨大能量，诚服天下，而不能"以武征之"，穷兵黩武。

舜帝开文化征服先河，"行德三年，而三苗服"。

尚书等有关史籍记述说，舜为了促使三苗臣服，采取了发展生产，巩固联盟内部团结，对三苗采取文教感化的德政措施，即"分北三苗"，最终使得三苗归顺臣服。

春秋时鲁国著名史官左丘明，提出了"耀德不观兵"思想。

《国语·祭公谏征犬戎》中，用兵之道入木三分："穆王将征犬戎，祭公谋父谏曰：不可。先王耀德不观兵。"

周穆王要征伐犬戎，祭公的谋父劝阻说："不行。先王显示德行而不炫耀武力。兵力是储存起来到一定时候动用的，一动用就使人畏惧。"

先王对于百姓，要努力端正他们的德行，使他们的性情更加宽厚；扩大他们的财源，改进他们的工具；指明利害的方向，用礼法整顿他们，使他们追求利益而避免祸害，怀念恩德而畏惧威力。

相传，武王打败商纣王后，巡视四方，祭祀山川，周公兴奋之余，作了一首颂歌，《诗经·周颂·时迈》："载戢干戈，载櫜（gāo）弓矢"，将兵器好好收藏，将弓箭藏在皮囊；我们君王寻求美德，施予华夏之邦，君王定能保持天命久长。

征服天下不能依靠武力，武力保证不了江山永续。

国家的"天命长久"，必须要靠"耀德"。

老子在《道德经》中提出了"大邦者下流"思想，主张治理大国要像江海一样居于下流，大国对小国谦下，则可聚容小国。这种谦下、守柔、不争之风，实际上是一种抱德炀和，铸甲销戈的和平主义和人道主义关怀。

《荀子·议兵》中提出："四海之内若一家，通达之属莫不从服。"四海之内亲如一家，大家和睦相处，这才是荀子认为的治世之"王霸"。

著名思想家孟子认为，"春秋无义战"，并对诸侯武力征战进行了猛烈抨击。

孟子一向主张"王道"政治，反对"霸道"横行。"以德行仁者王"，即以德服人，实行仁政就是王道；"以力假仁者霸"，即假借仁义名义为号召，凭借武力征伐就是霸道。

为了争霸和兼并土地，"争地以战，杀人盈野；争城以战，杀人盈城。此所谓率土地而食人肉，罪不容于死。"

判处君主和将军们的死刑，都难以免除他们的罪恶。

孟子认为，天下治理的最高境界是"王道"，以"仁义之道"治理天下。

《孟子·公孙丑章句下》提出："域民不以封疆之界，固国不以山溪之险，威天下不以兵革之利。得道者多助，失道者寡助。"老百姓不是靠封锁边境线，就能予以限制，国家不是靠山川险阻，就可以保住，扬威天下也不是靠锐利兵器，就可以做到。拥有道义之人，得到的帮助就多，失去道义之人，得到的帮助就少。

《孟子·梁惠王下》中记载了一段汤武感人至深的仁义故事。

"汤一征，自葛始，十一征而无敌于天下。东面而征，西夷怨；南面而征，北狄怨。"

孟子的思想一目了然：商汤刚开始征伐的时候，是从讨伐葛地开始的，十一仗都胜利了，天下没有敌手。

向东方进军，西方国家的百姓不高兴；向南方进军，北方国家的百姓不高兴。"为什么把我们这里放在后面？"人民盼望他来，就像大旱时节盼望下雨一样。

汤的军队所到之处，做生意的人不停止买卖，种田的人照常下地干活。汤杀掉欺压他们的暴君，安抚当地的百姓，就像及时雨从天而降，人们万分喜悦。

孟子讲述的这个托古汤武的故事，把"仁者无敌"的治国理想表现得淋漓尽致。

到了盛唐，万国来朝。据《贞观政要》记载，某天唐太宗与宠臣长孙无忌有一个推心置腹的对话。

在这次君臣交谈中，唐太宗提出了"偃革兴文，布德施惠"的治国之策。

唐太宗说："朕即位之初，有上书者非一"，"或欲耀兵振武，慑服四夷。惟有魏徵劝朕'偃革兴文，布德施惠，中国既安，远人自服'。"

唐太宗的意思是，我刚刚即位的时候，有许多人上书建议，有的要我加强兵力，以使四方少数民族威慑臣服。只有魏徵劝我"减少武功，提倡文治，广施道德仁义，他说只要中原安定了，远方异族自然会臣服"。我听从了他的建议，终于使天下赢得了太平，边远地区异族的首领都前来朝贡，各个少数民族派人前来源源不断。

唐太宗不愧为一代明君，虞舜"以德绥远"的治国之道，又一次得到了实践验证。

位于山西最北端的大同市，古代属于游牧文化和中原文化两种文化的直接碰撞地带，战争连年，争战不息，长期处于游牧民族和中原王朝相互攻占之下。

战国时赵武灵王"胡服骑射"，设为赵国的边陲要地，抵御匈奴的入侵。

延至隋开皇年间，为防止北方突厥族的进攻，隋王朝决定在今内蒙古乌拉特前旗开建大同城，意思是"天下大同"，希望华汉与突厥两族从此铸剑为犁，化干戈为玉帛。或许没有任何一座城市会承载着如此厚重的历史期望。

"以文化之"，比肩于"以德绥远"，一条更为广阔的大同康庄大道。

天下大同之路，就是一条各族从野蛮走向文明之路，地域落后文化走向先进文化之路。

与异族他国通过文化的深度交流，获得共同发展的历史机遇，戮力推动社会文明进程。

华夷之辩不再局限于地域之分，而是逐步演变为野蛮与文明之分。

华夏文明的正统是农耕文明，安土重迁，游牧民族逐水草而居，因而夷狄成了野蛮的象征。

华夏而夷狄　夷狄而华夏

千回百折的历史文明长河，沿着"夷狄而华夏者则华夏之，华夏而夷狄者则夷狄之"的大同之路滚滚东去，浪花飞溅。

西晋末年，政治腐败，内乱不止，由此引发了周边夷狄民族政权的入侵，史称"五胡乱华"。

这些乱华的胡人，进入汉族居住地区后，不是毁损华夏传统文化的优秀成果，而是放下身段，甘当学生，热衷于学习汉族先进文化。

匈奴人刘渊，自幼留学洛阳，精通汉文典籍，自称汉室后裔，起兵建立了汉赵政权。

鲜卑人慕容皝，精通经学，建立前燕政权后，扩大学校规模，鼓励宗族子弟苦读先秦经典诗书，大力推广汉族文化。

氐族人苻坚，八岁时主动请求祖父为他聘请家庭教师，学习汉文经典。即位后重用汉人王猛，推行富国强兵之术，使前秦政权盛极一时，几乎一统北方。

鲜卑人建立的北魏政权，一向重视汉族文化，到孝文帝元宏时，迁都洛阳，全面推行汉化政策，促进了北方各民族的融合，为隋唐盛世的开创奠定了基础。

满清入关主政中原，建国之初就快速实行汉化国策，大量启用汉族官吏，吸取华夏传统文化的优秀因子，汉化程度更加深入，满汉快速融为一体。

彪悍少文的满蒙民族，几乎完全吸收了汉民族一整套政治文化体系，很快构建起了以华夏文化为主体的清王朝文化系统。

天下秩序的维护，国家治理的推进，社会文明的进步，都应当依靠文化的巨大力量协和四方，天下共和。

华夏民族以博大的包容性，不断吸纳匈奴、鲜卑、羌、羯、契丹、女真、蒙古、满族等周边少数民族的优秀文化，最终成就了今天博大精深的大中华文明。

民族融合的历史过程，无疑有刀光剑影的激烈碰撞，但更多的则是心与心的深度交融。

博大中华文明，绝非仅是汉民族单一文明的传承，而是以华夏文明为主干、多民族文明交流融合集大成。

明王朝初期，明成祖诏命三宝太监郑和，率领二百四十多艘海船，两万七千多人，从南京港出发，"云帆蔽日"，浩浩荡荡，先后七下西洋，远航西太平洋和印度洋，造访三十多个国家和地区，最远达到东非、红海和美洲，后人称为"大航海时代"的先驱。

郑和的远海航行，绝非要占领侵略南洋诸国，而是一次海外贸易之旅，"欲国家富强，不可置海洋于不顾"。

船队所到之处，遵循平等自愿、等价交换的原则，友善开展贸易，用中国的陶瓷、丝绸、铁器、棉布等，易货交换南洋诸国的宝石、香料、象皮、珍奇异兽、苏木等。据估算，其贸易总额至少合黄金二三十万两，白银千万两。

郑和远航更像是一次文明传播之旅。历时 28 年的七下西洋，有力地促进了东西方文化的交流，加强了明朝政府与海外各国的联系，向海外诸国传播了先进的中华文明。道教妈祖、佛教、伊斯兰信仰，借助郑和的西洋航行，传播到了南洋的广大地区，堪称中国古代历史文化的一件世界盛事。

大同，蕴藏着各种文化的相互融合，承载着文明成果的共享

郑和七下西洋路线图

　　明王朝初期，明成祖诏命三宝太监郑和，率领二百四十多艘海船，两万七千多人，从南京港出发，先后七下西洋，远航西太平洋和印度洋，造访三十多个国家和地区，后人称为"大航海时代"的先驱。

包容。

我们期望建立的社会共同体，追求的是求同存异，和而不同，"以至诚为道，以至仁为德"，天下八方友好相处。

人类社会进入二十一世纪，中华民族的伟大复兴方兴未艾，快速崛起于世界东方。

人类命运共同体

2017 年，美国国际安全专家、哈佛大学教授格雷厄姆·艾利森正式出版了《必有一战：中美是否能逃脱修昔底德陷阱》一书。书中提到，历史上有过十六起"新兴崛起大国"对"守成大国"构成挑战和威胁的案例，其中十二次以战争和冲突告终，只有四次是以相对和平的方式实现了过渡。因此有人误解或误读，新崛起的大国中国，必然挑战世界霸主美国。而美国绝不会拱手让出世界霸主的地位，必然要予强硬回应，中国也不会坐以待毙，必然反抗打压，从而两国之间一场烽火争战变得不可避免。

20 世纪初期，德国统一之后取代英国成为欧洲最大的经济体，从而导致了 1914 年和 1939 年两次世界大战。

面对西方世界的疑问和焦虑，中国政府独创性地提出了构建"人类命运共同体"的崭新理念。

人类世界史上，如何处理世界各国之间的和平共处关系，1648 年欧洲签订的《威斯特伐利亚和约》，具有重要的里程碑意义。

和约确定了国际关系中应遵守的国家主权、国家领土与国家独立原则，创立了以国际会议解决国际争端的先例。各国之间的矛盾和争端，应以平等、主权为基础，和平商议、协调解决成为解决国际争端的主要模式。在和约签订后的几百年里，始终是解决各国间矛盾冲突的基本方法，为建立一个相对合理的世界秩序，为人类处理国际关系奠定了近现代基石。

人类从《威斯特伐利亚和约》出发，维也纳体系、凡尔赛 - 华盛顿体系、雅尔塔体系等相继建立，最终促成了联合国的成立。

华夏先贤确立的"天下大同"观，就像欧洲签订的"威斯特伐利亚和约"一样永恒，具有普世认同的宝贵价值。

2011 年《中国的和平发展》白皮书提出，要以命运共同体的新视角，寻求人类共同利益和共同价值的新内涵。

2018 年 3 月十三届全国人大一次会议上，中国领导人再次向世界宣示，推动建设"持久和平、普遍安全、共同繁荣、开放包容、清洁美丽"的五个世界，携手构建人类命运共同体，彰显了为人类进步事业而奋斗的宽阔胸怀，体现了为人类作出新的更大贡献的大国担当。

中国的声音、中国的行动，为世界和平与发展注入了强大信心和力量。

"人类命运共同体"构想，来源于中国传统文化"天下大同"，代表着人类对未来社会的美好憧憬，是人类最终期望达到的理想世界。

任何一种文明都有存在发展的根由，都应一视同仁，获得平等发展的权利。十四亿中国人民"天下一家"的文化理念，是对人类历史发展的巨大贡献。

构建人类命运共同体

构建"人类命运共同体"，来源于中国传统文化"天下大同"，代表着人类对未来社会的美好憧憬，代表着中国的声音、中国的行动。

人类只有一个地球，各国共处一个世界，应当寻求一种能让各地各国相互合作的办法。拒绝零和博弈，通过"文明碰撞"，在应对气候变化、治理环境污染、打击恐怖主义、多边贸易、互联互通等各国共同面临的问题上，建立一个和谐合作的世界秩序，以造福于人类，阻止避免因相互冲突带来的重大灾难。

远在人类的童年，从孔夫子到柏拉图，东西方文明两位文化巨子，几乎同时昂起高贵的头颅，仰望梦想的"乌托邦"天空，祈求苍天"息讼灭争"，构建人类"理想国"家园。

科学技术的伟大进步，世界互联互通的累累成果，今天的人类，完全应该而且具有足够的智慧，破解"修昔底德陷阱"这道历史未解难题，最终实现东西方两位文化巨人的美好夙愿。

构建人类命运共同体，最能体现中华文化的独特性，符合人类追求的共同性，凝结着新时代中国领导人对世界发展的深邃思考，体现着中国的天下担当，是对人类社会未来发展的准确把握。

中华文明和衷共济的大同思想，四海一家的胸襟气度，协和万邦的高尚信念，内敛而非进攻的国家战略，越来越显示出鼎鼐调和的强大能量。

人类最终必将走到一起，让命运共同体建设的万丈阳光普照整个世界！

"太平世界，环球同此凉热。"

跋

"天下为公"：社会主义思想萌动五千年

自十月革命建立了第一个社会主义国家迄今百年，社会主义阵营曾覆盖各大洲，后随着苏联解体，世界公认，只有中国、古巴、越南等少数几国为社会主义国家。那么这是否意味着社会主义彻底失败了呢？答案是否定的。笔者认为，苏联解体的根本原因不是因为其坚持社会主义，恰恰是它没有把握好社会主义的本质，没有坚持走共同富裕之路，而是把本应属于手段的所谓暴力革命、阶级斗争及停留在表面的公有制当成了目的。中国改革开放前三十年，尤其是文革同样犯了上述错误，致使彼时中国经济到了崩溃边缘。而改革开放使中国抓住了社会主义的本质，走向了共同富裕之路，即中国特色社会主义道路，不仅避免了蹈苏联覆辙，而且显示出了旺盛的发展势头。纵观整个人类文明史，社会主义思想并不是马克思的发明，凡历史上每个时代被公认的仁人志士都或多或少，或较为明确或微言大义地提出过社会主义的思想。换言之，社会主义思想是随着人类文明史的产生而产生，并伴随着历史的发展而发展到今天的。社会主义不仅是共产党人的旗帜，而且是人类五千年文明史上所有仁人志士共同的旗帜。

一、什么是社会主义？

改革开放初，为总结建国三十年来社会发展的经验和教训，中国全社会曾开展过什么是社会主义的讨论。针对"四人帮"臭名昭著的"宁要社会主义的草，不要资本主义的苗"的"左倾"言论，邓小平曾断言"贫穷不是社会主义"，社会主义应该有利于发展社会生产力，有利于增强国家的综合实力，有利于提高人民的生活水平。为了鼓励全社会解放思想，打破姓"资"姓"社"的藩篱，迈开改革开放的步伐，他提出以"三个有利于"作为评判一切工作是非得失的根本标准。不过当时全社会对究竟什么是社会主义并没有一个具体界定，而且到现在这个问题也并未完全弄清楚，否则社会上就不会有"左""右"之争了。

然而，社会主义应该有其独特的本质特征，否则就不能称其为社会主义。那么社会主义的本质是什么？邓小平总结为"共同富裕"。共同就是全社会成员共享的制度安排，就是公天下；富裕就是大力发展生产力，提高人民的生活水平，就是利民生。背离共同富裕这个本质就不能成其为社会主义，例如中华人民共和国成立后前三十年以阶级斗争为纲的做法就是如此。恩格斯在《社会主义从空想到科学的发展》一书中称"空想"与"科学"的区别在于，科学社会主义以暴力革命、无产阶级专政为实现社会主义的道路。但苏联、东欧包括中国在相当长的一段时期，把本应只是手段的暴力革命当成了"目的"，在中国甚至形成了所谓"无产阶级专政下继续革命的理论"。这个教训是极为深刻的。

关于什么是社会主义，习近平为总书记的党中央从国家、社会和个人三个层面提出了社会主义核心价值观，即："富强、民主、文明、和谐；自由、平等、公正、法治；爱国、敬业、诚信、友善"。这是至今为止对社会主义核心所在的明确概括，基本回答了什么是社会主义的问题，即既涵盖了共同富裕或称之为公天下、利民生这个社会主义的本质，又尽可能全面地在其他方面告诉人们社会主义应该是什么。

二、社会主义五千年

1. 社会主义一百年

十月革命一声炮响，给中国同时也给全世界送来了社会主义。中共通过近三十年革命，建立了中华人民共和国。同时世界上许多国家也掀起了社会主义浪潮，北欧多国社会民主党采用和平方法取得了政权，东欧和亚非拉多国共产党则领导人民进行革命，并在 20 世纪中叶先后取得了政权，形成了社会主义阵营。英法等资本主义国家的共产党也在议会中积极行动并取得一定地位。就连这些国家的政府也主动为国民在生老病死、教育、失业救助等社会保障措施方面制定了相应的法律法规。然而，自第二次世界大战结束，世界分裂成资本主义和社会主义两大阵营，各社会主义国家就开始把西方资本主义国家当成最危险的敌人，在国内则以阶级斗争为纲、镇压"反革命"成了重中之重，同时公天下、利民生的社会主义本质特征则被忽视。正因为如此，社会主义阵营最终走向了解体，发达资本主义各国却因为解决了社会民生问题而获得了本国人民的支持，迎来了新的发展机遇。所以英国首相布莱尔、美国总统克林顿都曾将自己的新政称为吸取了社会主义积极因素的所谓"第三条道路"。而众所周知，中国改革开放近四十年获得的成就，也是因为拨乱反正，重新抓住了社会主义的本质，回到以经济建设为中心的轨道上后才取得的。

2. 社会主义五百年

十月革命的确对社会主义的发展起到了至关重要的作用，但由于各社会主义国家把本应只作为手段的暴力革命、阶级斗争当成了根本目的，忽视了对社会主义本质的把握，致使社会主义也遇到了重大挫折。其实，社会主义的理想早在五百年前就由欧洲的空想社会主义思想家们阐述过了，只是因为他们没有找到切实可行的实现社会主义的路径，而被后人"嘲笑"为"空想"。马克思确信自己找到了通过暴力革命来实现社会主义的道路，因而称为科学社会主义，以区别于空想社会主义。可惜，此后几乎所有的社会主义国家在取得政权后都把手段当成了目的，在嘲笑空想社会主义的同时，放弃了社会主义的基本内涵和本质要求。这就像马克思在谈到黑格尔哲学时所举的例子：给小孩洗澡后，将小孩和脏水一同倒掉了。

3. 社会主义三千年

空想社会主义的思想家们是史上社会主义思想的集大成者，但他们的思想也是在总结继承前人的思想成果的基础上而产生的。实际上，欧洲的社会主义思想是伴随着欧洲文明的产生而产生、发展而发展的。早在距今约三千年前，最早的希伯来先知者们就已经提出了社会主义的思想。著名的先知阿莫斯曾极力谴责社会罪恶，主张人们在社会上要行为公正，人与人之间要平等相待，其名言是："但愿公平如大河奔流，使正义如江涛滚滚。"此后出现的各种启示录的宣传者们虽然都和宗教相联系，但他们都希望看到全人类皆达到完美无缺的境界而不是少数人的荣华富贵。再往后，早期基督教的乌托邦思想代表人物奥古斯丁的《上帝城》及古典思想家柏拉图的《理想国》也都对公平的理想社会有过详细的描述。总之，可以说，一部欧洲文明思想史也就是一部社会主义思想史。

4. 社会主义五千年

早于古典时期以来的欧洲文明，中华文明公认已经有五千多年的历史。探究中华文明早期先哲们的思想，我们发现，他们不仅与欧洲文明古典时期的先哲们同样具有鲜明的社会主义思想，而且在社会主义的本质规定性上，明确提出了公天下、利民生的主张，更加可贵的是，他们不仅有主张，还身体力行地践行着公天下、利民生的思想。其代表者，就是在中华文明史上有着明确记载并被世世代代华人所尊崇的祖先——尧舜禹。

毫无疑问，谈及中华文明，言必称孔孟，孔孟即有丰富的社会主义思想，一是公天下，所谓"大道之行也，天下为公"；二是利民生，所谓"政之急者，莫大乎使民富"。那么其思想来自何处？孔子曾自称"祖述尧舜，宪章文武"。虽然孔孟对文武推崇备至，但在"言必称尧舜"的他们的心中，文武之世尚只是"小康"，他们心中的大同是尧舜之世。这首先是因为，尧舜"君天下，生无私，死不厚其子"。例如尧，有人建议其传位于子丹朱，"尧知子丹朱之不肖，不足授天下，于是乃权授舜。授舜，则天下得其利而丹朱病；授丹朱，则天下病而丹朱得其利。尧曰：'终不以天下之病而利一人'，而卒授舜以天下。"又如舜，他明称："夫天下非一人之天下也！"由于"舜子商均亦不肖，舜乃豫荐禹于天"。至于禹，虽然"禹子启贤"，禹仍"不厚其子"而"以天下授益"，因为益"罔违道以干百姓之誉，罔咈百姓以从己之欲"。尧舜之世之所以得称"大同"，其次是因为尧舜以"德惟善政，政在养民"。如"当尧之时，洪水横流，五谷不登。兽蹄鸟迹，交于中国。尧独忧之，举舜而敷治焉。舜使益掌火。益烈山泽而焚之，禽兽逃匿。禹疏九河，瀹济漯，而注诸海，决汝汉，排淮泗，而注之江；然后中国可得而食也。"

尧舜禹首创的公天下、利民生的社会主义思想，被中国历史上几乎所有的伟大思想家所推崇。尤其康有为著《大同书》，孙中山倡导"天下为公"，都十分推崇尧舜禹的公天下、利民生思想。中华人民共和国成立后，毛泽东称自己的理想国是"六亿神州尽舜尧"，到邓小平倡导"共同富裕"，又到习近平在浙江省任省委书记时借用白居易的诗抒发情怀："愿同尧舜意，所乐在人和"。总之，尧舜禹及其公天下、利民生的社会主义思想，古往今来都一直受到中华民族的仁人志士们的敬仰和推崇。

三、习近平对社会主义理论的贡献和重要意义

1. 中国梦理论为中国特色社会主义建设找到了一条既切合中国实际又能完美融入世界先进文化发展趋势的正确道路。

中国梦的基本内涵是实现国家富强、民族振兴、人民幸福。

习近平在阐述这个奋斗目标时称："我们的人民热爱生活，期盼有更好的教育、更稳定的工作、更满意的收入、更可靠的社会保障、更高水平的医疗卫生服务、更舒适的居住条件、工作得更好、生活得更好。人民对美好生活的向往，就是我们的奋斗目标。"这与我们曾经耳熟能详的"无产阶级只有解放全人类，才能最后解放自己"，"世界上还有四分之三的人民生活在水深火热之中"，因而不惜代价"支援世界革命"的思维模式有了翻天覆地的变化。毋庸讳言，旧思维模式曾将中国与世界发达国家完全对立，长期造成国际形势紧张，国内也无法放弃以阶级斗争为纲。殊不知，别国走什么道路是他国人民自己的选择，我们不应该也不可能替人家选择走什么道路。而习近平的中国梦理论不同，其要求我们坚持道路自信、理论自信、文化自信，是要全力以赴地走中国道路、宣传中国文化、讲中国故事、发中国声音，做好中国自己的事情，努力实现中华民族的伟大复兴。

2. 习近平对"中国特色"的概括丰富并完善了中国特色社会主义理论。

改革开放之初，邓小平针对中国处于社会主义初级阶段，人口多、底子薄、资源困乏、经济发展水平落后等实际情况，提出中国特色社会主义理论，其所谓中国特色多与社会经济因素相联系。而习近平2013年8月在全国宣传工作会议上对中国特色有了新概括，他称："宣传解释中国特色，要讲清楚每个国家和民族的历史传统，文化积淀，基本国情不同，其发展道路必然有着自己的特色；讲清楚中华文化积淀着中华民族最深沉的精神追求，是中华民族生生不息、发展壮大的丰厚滋养；讲清楚中华优秀传统文化是中华民族的突出优势，是我们最深厚的软实力；讲清楚中国特色社会主义植根于中华沃土、反映中国人民意愿、适应中国和时代发展的进步要求，有着深厚历史渊源和广泛基础。"这四个讲清楚就告诉我们，中国特色社会主义之"特色"主要在于中国优秀传统文化。

3. 社会主义核心价值观三个方面，十二个词，二十四个字，简明扼要、意义重大。

富强、民主体现了共同富裕或所谓公天下、利民生这个社会主义的本质；自由、民主、平等、公正、文明、法治既将中国历史上社会主义思想家们的先进思想概括其中，又将曾被长期误认为是资产阶级自由化概念而实际上属人类先进文化纳入进来；至于和谐、爱国、敬业、诚信、友善更是中国优秀传统文化中常见的概念。习近平还明确指出，社会主义核心价值观来源于中国优秀传统文化。

习近平上述社会主义思想是他的中国梦理论的重要组成部分，他将古代中国文化与当前的实际联结在一起，为中国实现"小康"进而奔向"大同"指明了方向；将世界先进文化与中华优秀传统文化融会贯通，使"中国梦"与"美国梦""俄罗斯梦"等其他国家梦一致起来，为全世界和平发展提供了强有力的支撑；正因为如此，中国梦的思想也为弥合自改革开放以来对中国社会发展持有"左"的和"右"的两种相悖意见奠定了基础。

综上所述，社会主义的思想史不是一百年，也不是五百年，而是五千多年；社会主义思想不只是源于欧洲，更是源于中国；尧舜禹的思想既是中华文化的源头，也是社会主义思想史的源头；习近平的中国梦理论既是对马克思主义理论的发展，也是对中国优秀传统文化的传承。坚持这个理论，我们相信，中华民族伟大复兴的中国梦一定能够实现。

附录

通古今　连中外　接群己　合知行　超左右
——中国梦的意义与价值

实现中华民族伟大复兴，是近代以来中国人民最伟大的梦想，我们称之为中国梦，其基本内涵是实现国家富强、民族振兴、人民幸福，奋斗目标是"两个一百年"，即到中国共产党成立100年时全面建成小康社会，到中华人民共和国成立100年时建成富强民主文明和谐的社会主义现代化国家。中国梦是中华民族伟大复兴的形象表达，中华民族伟大复兴是中国梦的核心内容。

现在，中国梦作为当代中国社会的主流话语，不仅是响彻神州大地的高频词，而且也是世界解读中国的关键词。中国梦甫一提出，即以其理想可期、目标可行、成功可及，日益引起社会各界强烈共鸣，也受到国际社会高度关注。大家对中国梦进行了多角度解读，同时也出现了一些不同认识甚至疑问。在这种情况下，有必要从总体上对提出中国梦的意义加以认知。那么，中国梦的意义、价值究竟何在？笔者认为，可初步概括为打通了历史与现实，打通了中国与世界，打通了国家与个人，打通了认识与行动，打通了"左"的与右的；也可浓缩为十五个字，即通古今、连中外、接群己、合知行、超左右。

通古今

我们说，中国梦这个概念，之所以能够引起炎黄子孙的普遍认同，就是因为它既具有很强的现实感，又具有很强的历史感。说它具有很强的现实感，是因为中国梦机不可失、时不我待，因而这种现实感实际上是一种深深的紧迫感；说它具有很强的历史感，是因为中国梦由来已久、源远流长，因而这种历史感实际上是一种沉沉的责任感。人们普遍感到，中国梦在时空观上是立足现实、怀抱历史，并且贯通历史与现实的。

中国梦是历史的，也是现实的，还是未来的。现实情境中的中国梦，向未来延伸，往历史纵深，前有未来之"照"，后有历史之"靠"，既非孤立存在，也非单一维度，而是在一种继往开来、鉴往知今的意义上，把历史与现实、先人与今人、古往与今来、今天与明天连接起来了，具有一种打通历史与现实乃至未来的性质。

正是在当代中国的坐标系上，中国梦把中国文明史与中共党史、中华人民共和国史结合起来，把中国革命文化与中国传统文化、现代文化结合起来，把中华民族的长期奋斗与中国特色社会主义建设事业结合起来，把中华民族的伟大复兴与中国共产党的自觉担当结合起来，从而得以在一个历史长轴上进行定位，使中华民族伟大复兴具有一种很显然的历史纵深、历史厚重，也赋予我们一份沉甸甸的历史责任、历史使命。

如今，我们已经找到了圆梦之路，这就是中国特色社会主义道路，即中国道路。由此上溯，这条道路是在改革开放40年来的伟大实践中，在中华人民共和国成立60多年来的持续探索中，在中国共产党成立90多年来的不懈奋斗中，在对近代以来170多年中华民族发展历程的深刻总结中，在对中华民族5000多年悠久文明的历史传承中走出来的。

我们走在大路上，既贯通古今又面向未来，保持历史使命自觉，坚定现实道路自信，从实现总体小康到全面建成小康，再由"小康"而走向"大同"，让梦想照进现实，不断开拓充满希望的未来。

连中外

提出中国梦，讲述属于我们自己的中国故事，表达中国拥抱世界的自信和豪情，同时也找到了中国与世界相通的国际语言。中国梦是"中国话"，也是"世界语"。有外国友人说，中国梦给世界带来了话题与兴奋感，诚哉斯言。世界上有各种各样美好的梦想，像大家熟悉的"美国梦"，还有"俄国梦""法国梦""韩国梦"，等等。各国人民有梦，再正常不过；中国人民有梦，也自然而然。人同此心，心同此理；梦之表达，尤其便于理解和沟通。

中国梦是和平、发展、合作、共赢的梦，中国梦与世界各国人民的美好梦想之间，是相连相通、相互补充的。每个美好梦想都可以理解，各个美好梦想都可以相容。各国各地区各自有梦而外，还有各种各样梦的交集，比如"中法梦""中非梦""中拉梦"以及"亚洲梦""欧洲梦""非洲梦""亚太梦""拉美梦"等等，而其中最大的交集就是"世界梦"。此所谓各美其美，美人之美，美美与共，世界和谐。中国梦同世界梦之间深度融合、交相辉映，国际社会日益成为一个你中有我、我中有你的命运共同体。"万物并育而不相害，道并行而不相悖。"中国的发展离不开世界，世界的发展也需要中国。中国人民与各国人民加强团结合作和交流，加强相互支持和帮助，努力实现我们各自的梦想，并在此基础上，推动实现持久和平、共同繁荣的世界梦。

有些人反对中国梦，忌惮中国人民有梦，认为中国人民不该有梦，甚至视中国梦为威胁，这不是促狭就是霸道。自己可以有梦，别人也可以有梦，不能只许自己有梦，而不容别人有梦。那种"卧榻之侧，岂容他人鼾睡"的逻辑，是不能做到以理服人，也难以通行天下的。至于国际上有人担心，中国发展起来会不会也搞霸权主义、欺负别人，这种想法完全是多余的、没有必要的。

中国如果是一头狮子，那么它现在不是睡狮，而是醒狮，这头狮子不是好斗的、强权的、侵略别人的，它是和平、可亲、文明的狮子。中国过去深受战争、动乱、颠沛流离之苦，求和、求平、求稳定是基本民意，家庭和睦、社会和谐、世界和平是主导价值。中国人民自古珍爱和平，中国文化一向崇尚和谐，中华民族的血脉中没有霸权和掠夺的基因，中国在历史上也没有侵略和殖民的记录，中国在现在和将来都不认可"国强必霸"的逻辑，自己坚定不移走和平发展道路，真诚希望世界各国都走和平发展道路，戮力同心，促进世界和平与发展。

中国的发展是世界和平力量的壮大，集聚着越来越多的友谊正能量，带给世界的是更多机遇而不是什么威胁。我们要实现的中国梦，是物质文明和精神文明比翼齐飞的过程，是财富意义和文化意义相统一的幸福梦想，不仅造福于中国人民，而且造福于各国人民。中国梦独具特色之处就在于，中国和世界共发展、与世界同分享，把世界的机遇转变为中国的机遇，把中国的机遇转变为世界的机遇。因此，中国梦是中国有益于世界、对世界有所贡献、与世界互融共生的梦。

古人说过："君子和而不同，小人同而不和"，"君子周而不比，小人比而不周"。正是基于"和而不同"（和谐而不苟同）、"周而不比"（合群而不勾结）的理解，我们主张国与国之间、不同文明之间能够平等交流、相互借鉴、共同进步，各国人民都能够共享世界经济科技发展的成果，各国人民的意愿都能够得到尊重，各国能够齐心协力推动建设和谐世界。如今，世界上有越来越多的人认可中国梦，随着时间的推移，还会有更多的人认识到，中国梦是复兴之梦、发展之梦，也是和谐之梦、和平之梦。

接群己

中国传统哲学中有所谓"群己之辨"，指的就是对个人与群体、个人与社会、个人与民族、个人与国家之间关系的不同理解。从群己之辨角度来看，可以说提出中国梦有一大亮点，就是在这一问题上找到了切实解决之道，实现了一种融会贯通和真正打通，贯通了个人与国家、个人与民族，也贯通了个人梦与国家梦、个人梦与民族梦。

很多人颇为纠结，中国梦到底是个人梦，还是国家梦？一些人拿中国梦与美国梦相比较，认为中国梦是国家梦，美国梦是个人梦，进而认为像中国梦这样的国家梦有关国家民族而无涉个人幸福，甚至追捧美国梦而贬斥中国梦。这种观点没有什么道理可言，除了表达一种认识上的偏见外，其实质是把个人梦与国家梦对立起来了。应当说，美国梦之所以成其为美国梦，还是因为它首先代表了美国的国家梦想或曰"美国理想"，个人在贡献于国家的同时，其更多的是从国家发展中寻找机会、获得成功。"国家"一词，中华民族有着独特的理解，国与家紧密相连、不可分离。提出中国梦，正是自觉以家国天下为念，着意将国家梦与个人梦打通，集中体现了"修身、齐家、治国、平天下"的思想意蕴，所追求的就是个人梦与国家梦的内在统一。

中国梦的基本内涵是实现国家富强、民族振兴、人民幸福，这就内在地包含了中国梦既是国家梦、民族梦，也是人民梦、个人梦，因而是个人梦与国家梦、与民族梦的统一。一方面，亿万中国人民、中华儿女都有一个梦，就是共同梦想，就是国家富强梦、民族复兴梦；另一方面，每个中国人、炎黄子孙都各自有梦，就是人生梦想，就是人民幸福梦、个人成功梦。中国梦把个人与国家、与民族、与社会等都统一起来了，而不是单一的个人梦或国家梦。中国梦是国家富强梦，也是人民幸福梦；是民族和国家的梦，也是每个中国人的梦。因此，努力实现中国梦，内在地包含着为实现各自人生梦想和我们的共同梦想而奋斗。

我们不会简单断言，中国梦是什么梦或不是什么梦；我们的理解是，泰山不辞抔土，方能成其高，江海不择细流，方能成其大。通过大家一个个人生梦、事业梦的实现，可以促进整个中国梦的实现。每个人的前途命运都与国家和民族的前途命运紧密相连、息息相关，每一个人的奋斗努力，都是中国梦的组成部分。国家好，民族好，大家才会好，此所谓"得其大者可以兼其小"。生活在我们伟大祖国和伟大时代的中国人民，共同享有人生出彩的机会、梦想成真的机会、同祖国和时代一起成长与进步的机会，有梦想、有机会、有奋斗，一切美好的东西都能够创造出来。我们把人生理想融入国家和民族的事业中，就能最终成就一番事业；我们每个人都为美好梦想而奋斗，就能汇聚起实现中国梦的磅礴力量。

合知行

中国梦是认知上的，也是行动上的；是理论上的，也是实践上的；因此，既是知，也是行。一般而言，理论家认为知难行易，实践家认为知易行难，虽然侧重不同，但都各执一面。对于中国梦而言，知行都不易，知难行亦难，认为知难行易或知易行难，都是失之偏颇的理解，同时也把知与行割裂开来了，唯有知行并进、知行合一，认识与行动、理论与实践相统一，才是应取的正确主张。

在中国哲学史上，关于知行观已有相当深入的讨论，很多哲学家都对此作出了积极贡献，形成了很多有价值的思想成果。站在今人的立场来看，其主要之点就是"知行合一"，总的意思无非是说，认识事物与实行其事，真知和力行，应是密不可分的一回事。知与行互为表里，不分先后，不能分离。倘若知与行相分离，那么这个知就不是真知而是妄想；同样，倘若行与知相分离，那么这个行也不是笃行而是盲动。知是行之始，行是知之成；知是行的主意，行是知的工夫。归根结底，重要的是知的自觉与行的坚定，根本要求就是知行合一。

知行合一的思想具有启发意义。按照现代哲学的理解，中国梦是一个具有"实践观念"形态的创新性概念，既不是纯粹的观念，也不是纯粹的实践，而是具有鲜明实践性的观念，是实践的观念形态。实践观念是具有鲜明实践性的观念，其本身是知行合一，是真知和力行的统一。因此，重要的不是从概念到概念的推演和完善，而是从认识到行动的自觉和践履。从实践观念看中国梦，其运思与实行，都不外是知行并重、知行并进、知行合一。

中国梦是一个具有现实可能性的国家理想，也是一个正在按计划分步骤而不断实施的国家目标，全然摒弃了某些空想家的无限的主观臆想，也超越了某些政治家的有限的权宜考量，努力把理想与现实、认识与行动这两个方面结合起来。在关于中国梦的论述中，知行合一的思想元素随处可见。比如，从提出要有"功成不必在我"的精神，"一张好的蓝图一干到底""多做打基础、利长远的事"，到重申"空谈误国，实干兴邦""功崇惟志，业广惟勤""自胜者强，自强者胜""善学善思，善作善成"，再到强调尊重劳动、劳动光荣，以劳动托起中国梦，"梦在前方，路在脚下""幸福不会从天而降，梦想不会自动成真""梦想从学习开始，事业从实践起步"等等，无不如此。提出中国梦概念，无疑体现了知行合一的思想，而为实现中国梦而奋斗，也要按照知行合一的要求，扎实努力，久久为功。

超左右

有一种观察认为，在当前中国社会中，无论是"左"的还是右的认识，对中国梦非但没有异议，反而都高度认同。这从一个侧面说明，中国梦的提出，完全站在一个新的高度和角度，既超越了"左"的认识，又超越了右的认识，已然成为当今中国社会一个很大的共识，破除了左右对峙的思维定式与观念魔障。

所谓左与右，最初源于英法议会政治传统的左右对峙制度，原指民选代表们在半圆形议会大厅议事时面对议长所选择的位置，长期以来被用于说明代表们政治倾向的对立，以及选民需要进行选择的不同政治方案，由此产生了革命"左派"与保守"右派"的说法，由此也可见左右对峙的基本理解和大体格局。

在中国，左与右也成为政治认知上两相反对的两种不同意见。长期以来，在我国政治生活中，既有反右扩大化的错误实践，也有"要反对右，更要防止'左'"的深刻认知。大体以改革开放新时期为界，左与右的含义有一个较显著的变化。此前，左指思想超越现实，冒进盲动；右指思想滞后于现实，落后保守。此后，左指思想落后于现实，开倒车走老路；右指思想超越现实，开快车走邪路。比如，对待改革开放，左的认识持保守的反对态度，思想比较僵化，错误指引改革走上一条不测之途；右的认识，持激进的赞同态度，误导改革走上一条不归之路。历史的经验告诉我们，绝不能走右的邪路，也绝不能走"左"的老路，而是要坚定走中国特色社会主义道路的新路。邪路是自绝前程的断头路，老路是重蹈覆辙的回头路，只有新路才是充满希望的康庄路，才是正途。在政治思维上，左与右反映了在思想与现实之间或者超越阶段或者落后于现实的矛盾情境。左右之间，以前或许有不可消解的立场和价值之分，但现在有时更多的是一种情绪和意见之争，甚至无所其谓、毫无意义。

当今社会，能够弥合"左右理论"而求得的"最大公约数"，乃至涵盖"主流非主流"而合成的"最小公倍数"，或非中国梦莫属。中国梦超越了左的和右的两种不同意见，实际上也可以超越彼此颃颉的诸多争论，甚至也可以超越某些所谓的意识形态争议。

理性政治的表现应当是多方面的，一个很重要的方面就是，在多元互动中寻求平衡和互补，进而达致一种良性共生状态。中国社会要有序且可持续地健康发展，就必须超越左右之争的传统窠臼。在中国特色社会主义道路上，为实现中华民族伟大复兴的中国梦而奋斗，这样一个"至大无外"的民族大义，就是可以超越左右之争的明智之选，也是现实之途。

（原载于 2015 年 5 月 25 日《学习时报》作者康健）

后　记

　　提出"发现古中国"这样一个题目，原因有三：其一，我们一个是山西运城人，另一个是山东潍坊人，自幼饱受尧舜文化和孔孟思想的浸淫，提出这个题目实属地域和文化直觉使然；其二，作者二人是大学哲学专业的同学，既具备了中国传统文化的基本知识，又有一定的思辨能力，当然也有着中国人所特有的家国情怀，忧国忧民理所当然；其三，时值党的十八大召开，新任总书记习近平提出了中国梦理论，强调把中华民族的伟大复兴当作奋斗目标，明确肯定中华优秀传统文化，甚至将中国共产党人的初心追溯到了中华优秀传统文化的初创时期，其寓意值得深思，我们正是沿着这个思路去思考的。

　　多年来，笔者一直在思考如下一个问题，举世公认，中华文明在世界四大文明古国中是唯一没有被真正阻断并延续至今的文明，那么我们这个五千年来经历了无数风雨摧残、多灾多难的民族，其文明何以能延续至今而不灭？这其中的根源究竟在哪里？

　　我们在学习研究长达五千年的中国历史现象过程中发现，孔子将自己的思想归结为"祖述尧舜，宪章文武"，此后在长达两千多年的君主专制时期，历代王朝尽管实际上实行的是"家天下"的统治，不过据二十五史记载，绝大多数帝王都在口头上推崇尧舜的天下为公的思想，亦有在实际政策中推行注重民生的理念者。如唐太宗李世民，甚至对尧舜之公天下、利民生思想有着不少言行一致的精彩表现。至近代，清王朝在退出历史舞台时，隆裕太后也将个中原因表达为"近慰海内厌乱望治之心，远协古圣天下为公之义"。至于中山先生，则明确把"天下为公"奉为旗帜。新中国成立后，毛泽东也曾将自己的理想国说成是"六亿神州尽舜尧"。由以上可见，五千年来尧舜所开创的"公天下、利民生"思想，从古至今一直为中国政治文化现象中的政治正确。不仅如此，我们还注意到，自古至今，中国社会经济结构始终由个人与家和国的三者互动而形成，家庭、家族、氏族或宗族在中国社会稳定和发展过程中起到了无可替代的重要作用，并由此形成了深入中国人骨髓之中的家国情怀和祖宗崇拜这种具有信仰意义的文化精神。综上所述，我们有理由相信，尧舜之公天下、利民生思想贯穿于其中的传统社会政治文化所体现的政治正确，以及华夏民族所独有的具有信仰特征的精神文化追求，正是中华民族生生不息而且还在不断发展壮大的奥秘。当然，创作本书于作者而言，可谓以地域直观与政治自觉综合而成的思维洞见，来解释五千年的中国文明史，重点是中国政治文化衍生史。不过如此追根溯源，作者的目的并不限找寻中国文化的特殊性，而在寻求其与西方文化的共识。

在本书写作过程中，我们还注意到一种现象，中国历史上凡社会经济繁荣时期，皆是较大程度上实践了尧舜之公天下、利民生思想的时期。不仅历史上的唐宋是这样，中国共产党自改革开放四十年来所取得的巨大成就，根本原因也在变以阶级斗争为纲为以经济建设为中心，走出了一条以先富带动后富的共同富裕之路。相反，历史上凡背离尧舜之公天下、利民生思想的，无不是社会经济发展较差的时期，无论古代现代。当然，本书无意、也不可能完全清理整个中国历史发展进程中的经验教训，比如历史上多次发生的外来入侵就不在我们的讨论之列。

鉴于这个题目的难度及其重要性，不能不借助社会各方面的力量，我们一直在寻求帮助。2014 年初，经与时任运城市长王清宪、时任中央党校副校长李书磊、时任中办调研局副局长康健等同志磋商，决定由中央党校文史部、北京大学历史文化资源研究所和运城市委、市政府共同举办题为"中国梦与中国特色社会主义"研讨会。会议于是年 5 月 10 日～12 日在运城市举行，来自北京大学、中央党校、中国社会科学院、国家行政学院、国防大学以及山东曲阜孔子学院的三十多名专家学者与会发言并提交了论文。次年 1 月 14 日～16 日，相关单位和相关专家又在运城市举行了"运城与古中国"研讨会。2016 年 3 月 19 日，又在北京举办了"尧舜禹文化与当代社会核心价值"座谈会。在上述三次大型会议上专家们的发言和论文，对我们的写作提供了重要的启发和帮助。在此，我们对上述三次会议的策划者、组织者及与会专家们一并表示感谢！

运城市委宣传部长王志峰、运城市文化局长黄勋会同志对本书的写作给予了大力支持，国防大学黄书进将军、北京航空航天大学张耀南教授审阅了本书初稿并提出了宝贵的修改意见，北京大学高潮博士参与了本书写作过程中的历次讨论。对上述几位先生给予的帮助，我们亦真诚致谢！

王健康

2018 年 10 月 10 日于北京能通